NR-10
SEM CHOQUE

GUIA PRÁTICO DOS PROCEDIMENTOS OPERACIONAIS

VAGNER LOBOSCO
CÉSAR SERVIDONE

NR-10
SEM CHOQUE

GUIA PRÁTICO DOS
PROCEDIMENTOS OPERACIONAIS

LTr®

LTr Editora Ltda.

© Todos os direitos reservados

Rua Jaguaribe, 571
CEP 01224-003
São Paulo, SP — Brasil
Fone (11) 2167-1101
www.ltr.com.br
Setembro, 2020

Produção Gráfica e Editoração Eletrônica: GRAPHIEN DIAGRAMAÇÃO E ARTE
Projeto de Capa: DANILO REBELLO
Impressão: META BRASIL

versão impressa — LTr 6266.2 — ISBN 978-85-301-0163-3
versão digital   — LTr 9750.2 — ISBN 978-85-301-0213-5

Dados Internacionais de Catalogação na Publicação (CIP)
(Câmara Brasileira do Livro, SP, Brasil)

Lobosco, Vagner
    NR-10 sem choque / Vagner Lobosco, César Servidone. São Paulo : LTr, 2020.

    Bibliografia
    ISBN 978-85-301-0163-3

    1. Acidentes de trabalho 2. Eletricidade — Acidentes e ferimentos 3. Instalações elétricas 4. Normas regulamentadoras — Brasil 5. Segurança do trabalho 6. Trabalhadores da indústria elétrica — Regulamentação de segurança I. Servidone, César. II. Título.

20-32936   CDD-363.11962

Índices para catálogo sistemático:
    1. Brasil : Normas regulamentadoras : Segurança em instalações elétricas e serviços em eletricidade : Segurança do trabalho : Problemas sociais   363.11962

Maria Alice Ferreira — Bibliotecária — CRB-8/7964

Sumário

Introdução		7
Palavras dos Autores		15
As Atualizações da NR-10 e suas Influências		17
01	Bloqueio *(Lockout)* e Etiquetagem *(Tagout)*	19
02	Inspeção de Luminárias	32
03	Aterramento Temporário	43
04	Preventiva de Quadros e Painéis	53
05	Desenergização e Reenergização de Disjuntor BT	64
06	Inspeção de Cabines Elétricas	74
07	Inspeção de Motores	85
08	Isolamento e Sinalização de Áreas	96
09	Atendimento ao Acidentado com Eletricidade	106
10	Trabalho em Altura	117

Introdução

As informações apresentadas neste livro são resultado de anos de pesquisa e outros tantos de experiência. Elas foram contextualizadas em forma de *template*[1] cujo objetivo é orientar os profissionais com modelos enxutos de procedimentos para auxiliar a complementar o Prontuário das Instalações Elétricas (PIE) em seu item 10.2.4.a com os procedimentos e orientações técnicas exigidos.

A proposta dos autores não tem a pretensão de dizer a última palavra sobre como devem ser descritos e desenvolvidos os procedimentos, contudo apoia-se a criatividade e a singularidade de cada profissional em toda e qualquer inclusão ou alterações nos procedimentos de exemplos que ora apresenta-se, sem que, obviamente, sejam retirados os itens mínimos exigidos na descrição dos procedimentos de trabalho conforme item 10.11.3. Aperfeiçoamos constantemente o nosso desempenho, concebendo e adaptando processos, práticas e sistemas de trabalho.

Sugere-se, tempestivamente, que cada empresa adeque os exemplos dados neste livro para sua própria realidade e cultura organizacional incluindo nomes de áreas, imagens dos locais e equipamentos, ou seja, personalize os exemplos para que fique um documento realmente exclusivo. Desta forma será aperfeiçoado constantemente o desempenho das atividades, concebendo e adaptando processos, práticas e sistemas de trabalho; isto é o que tornará o Prontuário das Instalações Elétricas mais exequível e com grande credibilidade, inserindo-o no processo de melhoria contínua...

---

(1) Termo definido no glossário.

Em todo o texto da NR-10 o foco é voltado aos trabalhos e serviços de eletricidade com o alvo principal na "segurança", ou seja, não se admitem mais quaisquer tipos de acidentes, em especial aqueles originados nas atitudes, ou na falta delas, dos profissionais da área; Logo, o comportamento de cada profissional dentro e fora do seu ambiente de trabalho é o principal fator na prevenção de acidentes. Assim sendo, a norma e seus treinamentos previstos são, além de obrigatórios, essenciais.

Com o foco voltado à segurança, pode-se observar que na própria NR-10 são exarados conceitos básicos que devem fazer parte de todos os procedimentos de trabalho, portanto o desejável é que estes conceitos devam se integrar às atividades dos profissionais, promovendo uma cultura de segurança que efetivamente previna os acidentes, tornando as 'cobranças' por parte dos supervisores e responsáveis mínimas e, ao longo do tempo, inexistentes.

As medidas de proteção sempre devem ser consideradas, prioritariamente, como coletivas, sendo que a mais relevante deve ser a desenergização do circuito, porém, na impossibilidade desta podem ser utilizadas outras, tais como: tensão de segurança, isolação das partes vivas, obstáculos, barreiras, sinalização, sistema de seccionamento automático de alimentação e bloqueio do religamento automático.

REGRAS BÁSICAS A SEREM OBSERVADAS

Algumas regras iniciais devem ser sempre consideradas, pois estão nas definições e conceitos da própria NR-10 e verificadas antes dos serviços serem acompanhados pelos procedimentos de trabalho:

— O Projeto Elétrico deve estar assinado por profissional legalmente habilitado (item 10.3.8);

— As instalações Elétricas devem ser montadas, operadas e construídas sendo supervisionadas por profissional autorizado conforme disposto na própria norma (item 10.4.1);

— Nas instalações e serviços em eletricidade e nas medidas preventivas destinadas ao controle dos riscos adicionais deve ser adotada a sinalização de segurança adequada e destinada à advertência e à identificação (itens 10.10.1 e 10.4.2);

— O SESMT (quando houver) deve participar de todo o desenvolvimento dos procedimentos (item 10.11.4);

— A análise de risco deve ser realizada antes do início dos trabalhos em conjunto por toda equipe de profissionais, incluindo o líder, de forma a atender os princípios técnicos básicos e as melhores técnicas de segurança aplicáveis ao serviço (item 10.11.7);

— A equipe e a distribuição de tarefas devem ser avaliadas pelo líder conforme os riscos e as competências dos profissionais para o serviço (item 10.11.8);

— O aterramento das instalações elétricas deve ser realizado sempre, avaliando de qual forma e conforme as normas e regulamentos (item 10.2.8.3);

— Sempre que necessário, devem ser utilizados os EPIs adequados (item 10.2.9.1);

— Sempre devem ser utilizadas as vestimentas adequadas às atividades (item 10.2.9.2);

— É totalmente proibida a utilização de adornos pessoais, tais como relógios, *piercings*, alianças, anéis, correntes, brincos etc. (item 10.2.9.3);

— Observar o dimensionamento e a localização dos componentes quanto a considerar o espaço seguro para operação e realização dos serviços de construção e manutenção (item 10.3.3); e

— Verificar que haja iluminação adequada e uma posição de trabalho segura (item 10.3.10).

CONCEITOS SOBRE PROCEDIMENTOS

9.10.1 — *Os serviços em instalações elétricas devem ser planejados e realizados em conformidade com procedimentos de trabalho específicos, padronizados, com descrição detalhada de cada tarefa, passo a passo, assinados por profissional que atenda ao que estabelece o item 10.8 desta NR.*

Conforme definido no próprio glossário da NR-10, procedimento é: "Sequência de operações a serem desenvolvidas para realização de um determinado trabalho, com a inclusão dos meios materiais e humanos, medidas de segurança e circunstâncias que impossibilitem sua realização".

Uma das condições para o desenvolvimento dos procedimentos de trabalho estar de acordo com a norma é que cada tarefa deve ser descrita "passo a passo", assim toda a sequência de operações necessárias ao trabalho terão de ser descritas com detalhamento e discriminação das medidas e orientações técnicas de segurança pertinentes.

Os procedimentos devem ser escritos no idioma nacional, em Língua Portuguesa, de forma objetiva e simples, com palavras mais usuais e com glossário para palavras mais específicas ou rebuscadas de forma que todos os trabalhadores envolvidos possam divulgar, entender, conhecer e, especialmente, cumprir todas as orientações dos procedimentos.

Assim sendo, os procedimentos de trabalho com as descrições das atividades e ações para serviços em instalações elétricas devem ser planejados, programados e realizados, considerando:

- Devem ser elaborados por profissional legalmente habilitado (item 10.2.7);

- Ser específicos, respeitando as distâncias previstas no Anexo II quando exigirem o ingresso na zona controlada (item 10.6.2);

- Para a entrada em operação de novas instalações ou equipamentos elétricos, ou ainda quando ocorra a implementação de inovações tecnológicas, deverão ser desenvolvidas novas análises de risco considerando os circuitos desenergizados (item 10.6.4);

- Os procedimentos para serviços em AT somente podem ser realizados quando assinados por profissional autorizado e não podem ser realizados individualmente (itens 10.7.3 e 10.7.6);

- Conter, no mínimo: objetivo, campo de aplicação, base técnica, competências e responsabilidades, medidas de controle, disposições gerais e orientações finais (item 10.11.3); e

- Ter a participação do SESMT, quando existir o mesmo, em todo processo de desenvolvimento.

Importa ressaltar que os procedimentos de trabalho devem estar referenciados nas ordens de serviço, as quais devem ser aprovadas por trabalhador autorizado e conter, no mínimo, o tipo, a data e o local.

Quanto aos itens obrigatórios dos "procedimentos de trabalho", podemos especificar assim:

- **Objetivo** — alvo que se pretende atingir;
- **Campo de aplicação** — limite ou situação para o emprego do documento;
- **Base técnica** — fundamentação e embasamento técnico adotado;
- **Competências e responsabilidades** — indicação das atribuições e das responsabilidades em todos os níveis envolvidos;
- **Disposições gerais** — distribuição organizada dos assuntos tratados no documento;
- **Medidas de controle** — coletivo das ações estratégicas de prevenção destinadas a eliminar ou reduzir, sob controle, as incertezas com capacidade potencial para causar lesões ou danos à saúde dos trabalhadores e ao patrimônio, na atividade e ambiente objeto da análise; e
- **Orientações finais** — conjunto de observações e comentários de fechamento e finalização do documento.

Concluindo, os "procedimentos de trabalho" se constituem em documentos técnicos internos, de relevância e responsabilidade, que devem ser organizados em prontuário (item 10.2.4.a), portanto apresentam fundamentação legal e devem ser disponibilizados para o trabalhador, auditorias e gestores das instalações elétricas, sendo que, os responsáveis pelos serviços e atividades com eletricidade, juntamente com o SESMT, quando houver, devem controlar e auditar a adoção prática dos procedimentos padronizados na organização, de todos os trabalhadores envolvidos, lembrando sempre que procedimentos adequados, atualizados, assimilados e praticados são a melhor maneira de garantir um trabalho seguro e saudável.

GLOSSÁRIO ADICIONAL À NR-10

Componente Elétrico: É um dispositivo inserido no sistema elétrico sujeito a uma diferença de potencial elétrico para gerar um trabalho, proteção, acionamento etc.

***Template*:** É um estrangeirismo que significa formulário modelo, adotado como padrão, para facilitar a criação e utilização de novos procedimentos.

Painel ou Rede Energizada: Todo e qualquer ponto, equipamento, rede ou circuito sujeito a uma diferença de potencial elétrico (tensão elétrica).

Painel ou Rede Desenergizada: Todo e qualquer ponto, equipamento, rede ou circuito não sujeito a uma diferença de potencial elétrico (tensão elétrica), garantido pela execução dos seguintes passos:

- Seccionamento;
- Impedimento de energização;
- Constatação de ausência de tensão;
- Instalação de aterramento temporário;
- Proteção dos elementos energizados existentes e;
- Instalação de sinalização de impedimento de reenergização.

Ordem de Serviço: Também chamada de OS ou PT (permissão de trabalho) é o documento legal que "manda", ou seja, "autoriza" e "dá a permissão" para que o trabalho seja realizado.

Isolação das partes vivas: separação, isolamento de partes energizadas, interposição das partes energizadas mediante a aplicação de materiais eletricamente isolantes para impedir a passagem da corrente elétrica.

Seccionamento automático de alimentação: proteção contra choques elétricos por contatos diretos, interrupção da alimentação por meio do acionamento de um dispositivo de proteção (disjuntores, fusíveis, relés, chaves etc.).

Bloqueio do religamento automático: impede o religamento automático de um circuito no caso de ocorrência de alguma irregularidade, geralmente utilizado no SEP — Sistema Elétrico de Potência, é utilizado em linhas vivas de tal forma que o sistema não se reenergize automaticamente no caso de ocorrência de uma falta (contato entre fases ou entre fase e terra).

COMENTÁRIOS GERAIS SOBRE SEGURANÇA

a) Utilize materiais, ferramentas e equipamentos adequados para cada atividade e dentro das normas técnicas, inclusive escadas e andaimes e seus apoios e fixações;

b) Analisar o trabalho a ser realizado buscando informar-se primeiro sobre a maneira correta de funcionamento da máquina, qual o tipo de serviço a ser realizado e observar bem o local de trabalho levantando as possíveis interferências que poderão causar algum dano (Análise Preliminar de Risco), avaliando as probabilidades de riscos adicionais, inclusive;

c) Manter cuidado e atenção na medição dos circuitos utilizando apenas os instrumentos adequados, como Wattímetros, Voltímetros e Amperímetros, evitando as improvisações;

d) Desenergizar instalações sempre que possível, trabalhando sempre com o circuito elétrico desligado e utilizando placas de sinalização sobre a situação da máquina em manutenção;

e) Sempre que realizar manobras em dispositivos de acionamento sob carga utilizar luvas com isolamento de acordo com a classe de tensão do circuito a operar;

f) Delimitar e sinalizar a área de trabalho, não deixando os materiais em área de circulação, verificando se o local está limpo, organizado e iluminado adequadamente;

g) Conferir a situação de higiene e utilização dos EPIs, utilizando corretamente os necessários, inclusive as vestimentas adequadas;

h) Verificar se a permissão de trabalho está devidamente assinada pelo chefe imediato e pelo chefe do setor onde será desenvolvido o trabalho, devendo ser realizado por técnico habilitado e capacitado conforme os cursos NR-10 e utilizando o crachá ou outro meio de identificação;

i) E nunca é demais lembrar: **A eletricidade não admite improvisações, ela é inodora, incolor, invisível e, portanto, FATAL.**

PALAVRAS DOS AUTORES

Analisando os tipos de serviços possíveis de serem realizados na área elétrica, poderíamos dizer que em quase sua totalidade os procedimentos que envolvem os serviços em eletricidade devem ser iniciados pelo procedimento de abertura de quadros ou painéis, seguido pelo "Bloqueio e Etiquetagem" (*Lockout* e *Tagout*) dos circuitos envolvidos.

Tais atividades deveriam ser ensaiadas, treinadas e consideradas como procedimentos do tipo "padrão", dos quais todos os colaboradores deveriam ter conhecimento básico e preliminar do assunto, tratando-o como responsabilidade partilhada e de suma importância em todos os trabalhos.

Quando devemos utilizar o procedimento de Bloqueio e Etiquetagem:

Sempre que estivermos num trabalho com máquina ou equipamento em que identifiquemos risco para os trabalhadores, por exemplo, nas seguintes situações:

- Funcionamento inesperado de um equipamento;

- Liberação da energia armazenada;

- Quando remover ou neutralizar uma barreira de proteção ou outro mecanismo;

- Manutenção ou reparo em máquina ou equipamento;

- Ampliação ou reparo de circuitos elétricos; e

- Limpeza ou lubrificação de máquinas ou equipamentos com partes móveis.

Ainda podemos observar que este procedimento é útil mesmo para outras fontes de energia:

1) Elétrica — energia presente em transformadores, chaves, motores, painéis;

2) Hidráulica/Pneumática — energia sob pressão de um gás ou líquido;

3) Mecânica (cinética) — equipamentos rotativos, agitadores, moinhos;

4) Gravitacional — quando parte de um equipamento ou peça parar num ponto elevado e existir a possibilidade do mesmo descer a qualquer momento (cair);

5) Produtos Reativos perigosos — podem ser liberados ao religar (tóxico, corrosivos);

6) Energia acumulada — podem ser molas (mecânica) ou capacitores (elétrica);

7) Química — Máquinas, equipamentos e sistemas de produção; e

8) Térmica — Rolamentos, atritos internos nas máquinas e reações químicas.

Não temos a pretensão de esgotar os exemplos ou demonstrar todas as possibilidades ou fontes de energia, pois numa análise mais aprofundada verificamos que as mesmas são infinitas em suas formas e combinações, mas creio que atingimos nosso objetivo em demonstrar com exemplos mais diretos os conceitos, deixando as ideias mais claras e permitindo, assim, que todos coloquem sua imaginação para funcionar, estudando as situações em suas empresas e, principalmente, analisando os riscos antes da realização de quaisquer procedimentos.

Vagner Lobosco e César Servidone

As Atualizações da NR-10 e suas Influências

As atualizações feitas recentemente à norma, por meio da **Portaria da Secretaria Especial de Previdência e Trabalho — SEPRT n. 915, de 30.07.2019**, revogou os itens 10.13.1, 10.14.1 e 10.14.5 e criou algumas situações que, apesar de preocupantes, são perfeitamente contornáveis, conforme vamos demonstrar:

— A proposta deste livro, que é de servir de repositório de exemplos para os **"...procedimentos e instruções técnicas e administrativas..."** que são exigidos no item 10.2.4.a da norma permanecem todos válidos, porém, caso tenha alguma alteração radical no item 10.11 (Procedimentos de Trabalho), então bastará alterar tais itens nos modelos, o que acreditamos que não deverá ocorrer;

— No item 10.13.1 onde trata das responsabilidades serem solidárias a contratantes e contratados em nada nos preocupa, pois, existem diversas jurisprudências a respeito de que tanto os projetistas quanto os executores foram penalizados conforme o grau de sua parcela de responsabilidade, tornando esta alteração realmente sem efeito;

— Similar ao comentado acima está o item 10.14.1, também revogado, que trata sobre o direito de recusa, parecendo que agora os colaboradores não poderão recusar serviço algum! Esta inverdade está completamente descartada devido ao item 1.4.3 da NR-01 (Disposições Gerais), no qual se tem garantido este direito para todo trabalhador, seja de qual ramo for. Além disso, o item 1.4.3.1 complementa o foco nas NRs, que é voltado à segurança, garantindo que **"...não poderá ser exigida a volta dos trabalhadores à atividade, enquanto não sejam tomadas as medidas corretivas."**, uma vez que o próprio empregador comprovou a situação de risco grave e iminente, portanto este item ficou garantido a um grupo maior de pessoas (qualquer trabalhador) e com a segurança mais valorizada;

— Quanto ao item 10.14.5 que revogou a disposição da documentação estar permanentemente à disposição das autoridades competentes, o item 10.3.7 garante parcialmente isto, tornando o projeto das instalações elétricas disponível, mas acreditamos que na nova versão prevista para este ano, este item deva retornar à baila;

— Enfim, as alterações realizadas tiveram influência irrisória, não alterando o Prontuário das Instalações Elétricas (modelo apresentado no livro "Gestão NR-10", de Vagner Lobosco, também da LTr Editora), nem dos procedimentos que o complementam, exemplificados neste livro;

— Complementarmente, lançamos a página <https:// gestaonr10pie.wixsite.com/oguia> que pretende acompanhar todas as alterações e correções que se fizerem na nova NR-10 tão aguardada para 2020, na qual contará com comentários das revisões e um *Blog* para discussões e atualizações, fornecendo modelos que se adequem às últimas versões.

Enfim, esperamos vocês lá com seus comentários, críticas, dúvidas e sugestões, de forma a tornar nosso trabalho cada vez mais completo e sempre atualizado e de acordo com as normas vigentes, possibilitando, assim, nosso foco principal, que é a segurança de todos, para todos e por todos, indistintamente.

Logotipo da empresa	PROCEDIMENTO DE TRABALHO	Elaborado por: Vagner Lobosco	
		Data:	Pág.: 1 de 13
	Título: Bloqueio (*Lockout*) e Etiquetagem (*Tagout*)	Revisão: 0	

Bloqueio (*Lockout*) e Etiquetagem (*Tagout*)

1 — OBJETIVO: Este procedimento tem como objetivo proteger as pessoas da liberação inesperada de energia enquanto executam serviços de manutenção em máquinas ou equipamentos elétricos.

Também serve para orientar os responsáveis pelo setor de manutenção e pela contratação de terceiros quanto à utilização de bloqueios e impedimento por aviso dos painéis, chaves e equipamentos, visando à segurança na manutenção, operação, manobra e inspeção nas instalações elétricas em alta e baixa tensão.

2 — CAMPO DE APLICAÇÃO: Utilização em todo serviço de manutenção, operação, manobra e inspeção dos sistemas elétricos, bem como deve ser exigida sua aplicação a todos os colaboradores, inclusive dos prestadores de serviço.

3 — BASE TÉCNICA

Norma Regulamentadora 06 — Equipamento de Proteção Individual — EPI.

Norma Regulamentadora 07 — Programa de Controle Médico de Saúde Ocupacional — PCMSO.

Norma Regulamentadora 10 — Segurança em Instalações e Serviços em Eletricidade.

Occupational Safety and Health Administration (OSHA) — Control of Hazardous Energy — 29 CFR 1910.147.

ABNT NBR 5410 — Instalações Elétricas de Baixa Tensão.

ABNT NBR 5419 — Proteção contra Descargas Atmosféricas.

ABNT NBR 14039 — Instalações Elétricas de Média Tensão.

ABNT NBR 16384 — Segurança em Eletricidade.

Logotipo da empresa	PROCEDIMENTO DE TRABALHO	Elaborado por: Vagner Lobosco	
		Data:	Pág.: 2 de 13
	Título: Bloqueio (*Lockout*) e Etiquetagem (*Tagout*)	Revisão: 0	

4 — COMPETÊNCIAS

Item 10.13.4   Cabe aos trabalhadores:

a) Zelar pela sua segurança e saúde e a de outras pessoas que possam ser afetadas por suas ações ou omissões no trabalho;

b) Responsabilizar-se junto com a empresa pelo cumprimento das disposições legais e regulamentares, inclusive quanto aos procedimentos internos de segurança e saúde; e

c) Comunicar, de imediato, ao responsável pela execução do serviço as situações que considerar de risco para sua segurança e saúde e a de outras pessoas.

O colaborador deverá ser o profissional que presta serviço na empresa e que pertence ou ao efetivo de funcionários ou a uma empresa contratada para realizar serviços em suas instalações elétricas, sob a forma de terceirização de serviços. Independente da forma de contratação, o colaborador deverá:

- Possuir seus certificados em dia, bem como suas autorizações fornecidas pela empresa;
- Assinar e armazenar a ordem de serviço de forma a ficar caracterizada a ação e quem é o responsável;
- Permanecer com a sinalização de segurança para identificação de riscos elétricos, prevenindo contato dos colaboradores com os equipamentos ou outros painéis energizados;
- Precaver-se contra a possibilidade de alimentação por outra fonte ou caminho do sistema elétrico;
- Quando em média tensão o trabalho deverá ser efetuado por, no mínimo, dois trabalhadores autorizados e que possuam seus certificados de treinamento no SEP; e
- Este procedimento está ligado diretamente aos gestores dos serviços de manutenção e inspeção elétricas.

5 — RESPONSABILIDADES

Item 10.13.2   É de responsabilidade dos contratantes manter os trabalhadores informados sobre os riscos a que estão

	PROCEDIMENTO DE TRABALHO	Elaborado por: Vagner Lobosco	
Logotipo da empresa		Data:	Pág.: 3 de 13
	Título: Bloqueio (*Lockout*) e Etiquetagem (*Tagout*)	Revisão: 0	

expostos, instruindo-os quanto aos procedimentos e medidas de controle contra os riscos elétricos a serem adotados.

Item 10.13.3 Cabe à empresa, na ocorrência de acidentes de trabalho envolvendo instalações e serviços em eletricidade, propor e adotar medidas preventivas e corretivas.

EQUIPE EXECUTANTE

Não é permitido operar nenhuma chave ou disjuntor elétrico sempre que este se encontrar bloqueado, sendo que a remoção do Bloqueador ou Etiqueta só poderá ser realizada pelo funcionário que os aplicou.

Seguir todas as instruções quanto ao uso de EPIs e EPCs, bem como as normas, procedimentos e instruções relacionados à segurança conforme orientação recebida em treinamento.

Conhecer os riscos da atividade, suas medidas de prevenção e discutir estas antes de iniciar os procedimentos.

Cumprir integralmente o disposto neste procedimento:

- Retirar somente seu bloqueio (suporte de cadeado de segurança/etiqueta) quando sua parte no trabalho estiver completa;

- Notificar ao supervisor ou chefia toda e qualquer ausência do local de trabalho, não importando o motivo;

- O operador nunca deve emprestar seu cartão pessoal e seu cadeado para outro funcionário;

- Participar da restauração de energia nas máquinas e equipamentos às operações normais de produção;

- Comunicar ao superior qualquer risco ou perigo de acidente, alertando também aos companheiros, para que sejam tomadas as devidas precauções, por mais insignificante que pareça a situação;

- Seguir à risca todas as normas de segurança, acompanhando os procedimentos, utilizando os EPIs e EPCs necessários, não brincando em serviço, nem ingerindo bebidas alcoólicas ou portando armas, não usar adornos ou aparelhos sonoros; e

Logotipo da empresa	PROCEDIMENTO DE TRABALHO	Elaborado por: Vagner Lobosco	
		Data:	Pág.: 4 de 13
	Título: Bloqueio (*Lockout*) e Etiquetagem (*Tagout*)	Revisão: 0	

- Utilizar o direito de recusa em caso de algum trabalho oferecer um risco que não esteja com as medidas de proteção corretas e possa acarretar um acidente, conforme item 1.4.3 da NR-01.

GERENTES

- Certificar com treinamentos e reuniões de boas-vindas e periódicas a todos os colaboradores sobre as normas de segurança da empresa e precauções de trabalho, fazendo que sejam cumpridas;
- Designar pessoal habilitado, autorizado e com as competências adequadas para as tarefas;
- Manter-se a par das alterações introduzidas nas normas de segurança do trabalho e transmiti-las aos seus colaboradores, bem como fornecer a CAT em casos de acidente;
- Proibir a entrada de menores e aprendizes em subestações ou áreas de risco; e
- Estudar as possíveis causas de acidentes e fazer cumprir as medidas de forma evitar novas ocorrências.

SUPERVISORES/ENCARREGADOS

- Garantir que todos os colaboradores envolvidos estejam cientes e seguindo os passos deste procedimento;
- Instruir e cobrar os colaboradores com relação às normas de segurança, advertindo-os sob sua responsabilidade quando deixarem de cumprir tais normas;
- Verificar a utilização de equipamentos de sinalização, EPIs, EPCs e roupas adequadas, sem adornos, antes da execução dos serviços, orientando sobre o serviço a ser feito, tirando dúvidas e conservando o local de trabalho organizado e limpo;
- Distribuir as tarefas conforme estejam capacitados e de acordo com habilitação e autorização de cada um;
- Zelar pela conservação do ferramental e equipamentos de proteção, proibindo a utilização dos que apresentem

	PROCEDIMENTO DE TRABALHO	Elaborado por: Vagner Lobosco	
Logotipo da empresa		Data:	Pág.: 5 de 13
	Título: Bloqueio (*Lockout*) e Etiquetagem (*Tagout*)	Revisão: 0	

defeitos e providenciando os Primeiros Socorros em caso de acidentes, cooperando com a CIPA e seguindo as orientações da empresa; e

- Verificar se todos os procedimentos estão disponíveis aos colaboradores e sendo seguidos corretamente, assinados pelos responsáveis e acompanhados pelas Ordens de Serviço (OS).

RESPONSÁVEL PELO PRONTUÁRIO DAS INSTALAÇÕES ELÉTRICAS (PIE)

- Garantir o cumprimento desta instrução nas áreas de sua responsabilidade reciclando a equipe quanto aos procedimentos existentes e armazenar as documentações geradas pelo serviço e executado.

BRIGADA DE EMERGÊNCIA

- Garantir que os colaboradores não envolvidos na atividade estejam numa distância segura e estar preparados para quaisquer emergências.

SESMT (SEGURANÇA DO TRABALHO)

Fazer cumprir esta instrução, identificar e avaliar os locais com atividades envolvendo eletricidade, identificar e implementar melhorias.

Prover direção e assistência para treinamento inicial e/ou reciclagem para todos os colaboradores que poderiam estar envolvidos em trabalho com eletricidade.

Avaliar, selecionar e aprovar EPIs e EPCs, além de treinar os colaboradores quanto ao seu correto uso para trabalhos em eletricidade.

Analisar e autorizar a utilização dos documentos "Permissão de Trabalho" — PT e "Análise Preliminar de Risco" — APR (quando aplicável), auxiliando no desenvolvimento e atualização destes.

6 — DISPOSIÇÕES GERAIS

Planejar previamente, programar, indicar todas as situações de risco e formas de controle, por meio de procedimentos específicos,

Logotipo da empresa	PROCEDIMENTO DE TRABALHO	Elaborado por: Vagner Lobosco	
		Data:	Pág.: 6 de 13
	Título: Bloqueio (*Lockout*) e Etiquetagem (*Tagout*)	Revisão: 0	

padronizados, com descrição detalhada de cada tarefa, passo a passo, e que seja passível de revisões, assinado pelo responsável da liberação do serviço;

Ser realizado por trabalhadores habilitados e autorizados;

Verificar sempre as condições de uso dos EPC, EPI e ferramental a ser utilizado para a atividade programada, checando a validade dos selos dos testes de isolação e quando de avarias e anormalidades devem ser substituídos imediatamente; Realizar sinalização adequada e o isolamento da área garantindo a segurança das pessoas indiretamente expostas e dos demais executantes da tarefa;

Durante toda execução do serviço, os colaboradores deverão evitar distrações e conversas sobre outros assuntos que não o serviço em foco, visando manter adequada concentração nas atividades, tornando o trabalho mais seguro para todos, e lembrar que a vestimenta de segurança também faz parte dos EPIs a serem utilizados.

7 — DESCRIÇÃO DETALHADA DA OPERAÇÃO (PASSO A PASSO) COM MEDIDAS DE CONTROLE

Preparativos para iniciar

- Verificar o preenchimento e as assinaturas da Ordem de Serviço, bem como se há cópias dos Procedimentos necessários ao serviço previsto e se todos tem conhecimento destes;

- Isolar a área que sofrerá manutenção utilizando o material adequado conforme procedimento específico;

- Depois de liberado o equipamento, mediante seccionamento das fontes de energia elétrica conforme procedimento específico; e

- Conhecer os riscos e verificar como controlá-los por meio dos procedimentos, além de comunicar ao pessoal envolvido da manutenção que o serviço será realizado e ao setor de trabalho que a máquina ou equipamento será desligado e bloqueado, além do tempo previsto à tarefa solicitada.

Logotipo da empresa	PROCEDIMENTO DE TRABALHO	Elaborado por: Vagner Lobosco	
		Data:	Pág.: 7 de 13
	Título: Bloqueio (*Lockout*) e Etiquetagem (*Tagout*)	Revisão: 0	

COMO UTILIZAR O BLOQUEADOR:

Verificar sempre se o bloqueador está em condições de uso, não apresentando trincas, partes rompidas ou desgastadas. Deve ser colocado manualmente, ser autotravante, não se soltar, ter haste resistente ao tipo de ambiente, não ser de material condutor, deve ser fixado em local apropriado travando o equipamento a ser bloqueado.

COMO UTILIZAR A ETIQUETA:

O meio de fixação não deve ser reutilizável (utilizar abraçadeiras plásticas) deve ser colocado manualmente, ser autotravante, não se soltar, ser resistente ao tipo de ambiente, não ser de material condutor, constar os dados da pessoa responsável pelo bloqueio e ser fixado no mesmo ponto do dispositivo de desligamento ou o mais próximo possível.

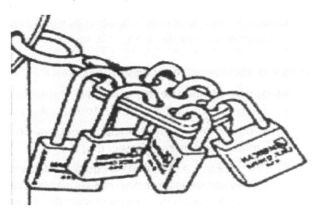

QUANDO MAIS DE UM COLABORADOR OU EQUIPE ESTIVER TRABALHANDO NO MESMO CIRCUITO:

Caberá a um funcionário autorizado a responsabilidade principal de supervisão dos integrantes do grupo;

Serão tomadas medidas para que o funcionário autorizado e responsável pelo desligamento se certifique das condições de exposição de cada um dos integrantes do grupo, relacionadas ao bloqueio ou à etiquetagem por aviso das máquinas ou dos equipamentos;

Logotipo da empresa	**PROCEDIMENTO DE TRABALHO**	Elaborado por: Vagner Lobosco	
		Data:	Pág.: 8 de 13
	Título: Bloqueio (*Lockout*) e Etiquetagem (*Tagout*)	Revisão: 0	

Quando mais de uma equipe estiver envolvida no serviço, deverá ser colocada uma etiqueta para cada equipe e, também, um dispositivo de bloqueio em grupo para cada equipe, em que cada funcionário colocará seu cadeado.

Preparativos para desligar

- Inteirar-se do serviço a ser executado e dos procedimentos;
- Fazer uso da Ordem de Serviço, preenchendo e assinando-a;
- Identificar a fonte de energia envolvida (tipos, fontes e perigos);
- Conhecer os riscos e como controlá-los por meio dos procedimentos;
- Comunicar ao pessoal envolvido da manutenção que o serviço será realizado; e
- Comunicar ao setor de trabalho que a máquina ou equipamento será desligado e bloqueado.

Desligar o equipamento ou dispositivo

- Identificar os tipos de dispositivos de controle existentes (chaves comutadoras, disjuntores, botoeiras etc.);
- Pressionado o controle principal, seccionar o circuito deixando-o na posição 'Desligado'; e
- Certificar-se que a máquina ou equipamento está desenergizado por meio de todos os dispositivos existentes, tais como: botoeira de parada, disjuntor, chave geral.

Isolar o equipamento ou dispositivo

- Confirmar o desligamento da chave geral medindo a ausência de tensão;
- Fechar as válvulas;
- Drenar fluidos ou aliviar a pressão;
- Bloquear tubulação ou válvulas; e
- Isolar todas as fontes de energia da máquina ou equipamento desativando os dispositivos normalmente utilizados.

Logotipo da empresa	PROCEDIMENTO DE TRABALHO	Elaborado por: Vagner Lobosco	
		Data:	Pág.: 9 de 13
	Título: Bloqueio (*Lockout*) e Etiquetagem (*Tagout*)	Revisão: 0	

Realizar o Bloqueio e a Etiquetagem

- Bloquear as fontes de energia com dispositivos adequados confirmando o impedimento da reenergização;

- Instalar os porta-cadeados utilizando os próprios cadeados ou bloqueadores específicos, se necessário; e

- Afixar a etiqueta devidamente preenchida utilizando suas próprias etiquetas.

Controlar a energia armazenada

- Anular, cortar ou restringir a energia residual, por exemplo, a carga estática de capacitores;

- Certificar-se que eixos, rodas, engrenagens, ou seja, que as partes mecânicas móveis estejam calçadas ou bloqueadas.

- Despressurizar mangueiras e trechos de tubulações ainda pressurizados; e

- Verificar se há calor em partes aquecidas.

- Colocar aterramento temporário, mesmo em eletrodomésticos.

Verificar a eficiência do sistema (bloqueado e desligado)

- Avisar aos colaboradores quanto ao lacre, área de influência e tempo de duração;

- Assegurar-se que ninguém esteja exposto ou em contato com o equipamento, isolando a área;

- Fazer teste de funcionamento para certificar-se de que o dispositivo esteja travado e seguro;

- Verificar durante o trabalho se os bloqueios estão operacionais.

- Desta forma estará garantida a situação de "energia zero".

Logotipo da empresa	PROCEDIMENTO DE TRABALHO	Elaborado por: Vagner Lobosco	
		Data:	Pág.: 10 de 13
	Título: Bloqueio (*Lockout*) e Etiquetagem (*Tagout*)	Revisão: 0	

Remover a Etiquetagem e o Bloqueio

- Verificar ao término dos serviços se alguma ferramenta, utensílio, parte do equipamento solta, fio desencapado, enfim, se está tudo limpo e organizado para habilitar o sistema a ser energizado novamente;

- Avisar a todos os envolvidos que o sistema de bloqueio será desativado;

- Afastar todos os trabalhadores do equipamento antes de restabelecer a energia, assegurando-se que ninguém esteja em contato ou na zona controlada;

- Certificar-se que todos os controles estejam adequadamente desligados, em especial quando houver alimentação em cascata dos dispositivos;

- Retirar o aterramento temporário;

- Certificar-se que todas as proteções foram desinstaladas e o equipamento está seguro para voltar a operar; e

- Cada autorizado deve retirar seus próprios dispositivos de bloqueio e etiquetas de campo (a remoção sempre será realizada apenas pelo mesmo colaborador que o aplicou e acompanhamento / autorização do responsável pela tarefa).

Logotipo da empresa	PROCEDIMENTO DE TRABALHO	Elaborado por: Vagner Lobosco	
		Data:	Pág.: 11 de 13
	Título: Bloqueio (*Lockout*) e Etiquetagem (*Tagout*)	Revisão: 0	

8 — APÓS A CONCLUSÃO DOS SERVIÇOS

Acionar o circuito novamente

- Antes de retirar o conjunto de aterramento, verificar com o responsável pela tarefa a autorização para isso.
- Conferir a retirada da equipe executante da área a ser liberada;
- Desconectar os cabos de aterramento das fases e da malha de terra utilizada;
- O encarregado da tarefa deve verificar a organização e limpeza da área, autorizando a finalização da tarefa, o desbloqueio dos dispositivos de comando e a liberação do(s) equipamento(s) para reenergização;
- Verificar os circuitos e efetuar as medições necessárias para garantir que tudo está em perfeito funcionamento;
- Proceder ao acionamento e efetuar testes para garantir que tudo esteja em perfeito funcionamento;
- Fazer os testes de funcionamento com representantes do local ou responsável pela máquina;
- Concluir a Ordem de Serviço, preenchendo e assinando-a de acordo com o procedimento; e
- Devolver a Ordem de Serviço para o Departamento de Segurança do Trabalho.

9 — RECOMENDAÇÕES DE PROTEÇÃO INDIVIDUAL

- Calçado de segurança tipo botina com biqueira não metálica;
- Vestimenta de segurança e capacete;
- Óculos e luvas;
- Protetor auricular.

10 — RECOMENDAÇÕES DE PROTEÇÃO COLETIVA

- Cone de sinalização pesado;
- Fita zebrada.

		Elaborado por: Vagner Lobosco	
Logotipo da empresa	**PROCEDIMENTO DE TRABALHO**	Data:	Pág.: 12 de 13
	Título: Bloqueio (*Lockout*) e Etiquetagem (*Tagout*)	**Revisão: 0**	

11 — ORIENTAÇÕES FINAIS

Efetuar a desenergização das instalações onde está ocorrendo à manutenção ou reparo por meio do seccionamento de chaves/disjuntores/contatores ou retirada dos fusíveis das chaves, verificar a condição de ausência de tensão por meio de detector de tensão, amperímetro alicate e/ou multímetros;

Efetuar o impedimento de reenergização por meio de bloqueadores, travando chaves, disjuntores, contatores e painéis, evitando danos causados por energização inesperada e instalar etiqueta junto ao bloqueador;

Instalar de modo adequado o aterramento móvel padronizado no circuito que se deseja trabalhar, evitando, assim, descarga de energia armazenada durante processo dos equipamentos;

Antes de liberar o pessoal para o trabalho, deve-se acionar o botão de comando do equipamento em atividade de bloqueio para confirmar sua inatividade, e só então liberar para execução dos trabalhos.

Após a conclusão dos trabalhos, os seguintes cuidados deverão ser atendidos:

Solicitar e confirmar a remoção de todas as ferramentas, dispositivos, componentes e resíduos consequentes dos serviços e retirada de todos os colaboradores não envolvidos no processo de reenergização;

Examinar a área e equipamento a ser restabelecido a fim de certificar-se que não existe nada impedindo seu restabelecimento, inclusive os conjuntos de aterramento elétricos, travamento mecânico e ferramentas; e

Avisar todas as pessoas envolvidas neste trabalho que os dispositivos de bloqueio e as etiquetas serão retirados.

A partir da realização do item anterior acima, todos deverão considerar o equipamento em retorno à operação normal, sendo proibido o retorno da intervenção neste equipamento, sem que se cumpra a rotina de impedimento, desde o início, novamente, bem como uma nova Ordem de Serviço (OS) deverá ser emitida com a nova situação de data e hora, ou com a alteração da equipe de trabalho.

Logotipo da empresa	PROCEDIMENTO DE TRABALHO	Elaborado por: Vagner Lobosco	
		Data:	Pág.: 13 de 13
	Título: Bloqueio (*Lockout*) e Etiquetagem (*Tagout*)	Revisão: 0	

12 — APROVAÇÃO

Profissional Legalmente Habilitado:		Responsável pela Execução:	
Função:		Função:	
CREA:		Crachá:	
Data:	Ass.:	Data:	Ass.:

13 — OBSERVAÇÕES

Os EPIs e EPCs listados são apenas exemplos, pois cada atividade deve ser analisada e considerar os EPIs adequados a cada atividade, bem como os EPCs, que não apresentam CA (Certificado de Aprovação) junto ao Ministério do Trabalho, também devem ser escolhidos conforme o tipo e o alcance de cada atividade.

Para a efetiva implementação deste procedimento deverá ser realizado um treinamento com todos os envolvidos e uma verificação por parte dos coordenadores da efetiva utilização dos itens do procedimento.

14 — EQUIPE ENVOLVIDA

01 — Nome:	RG:
02 — Nome:	RG:
03 — Nome:	RG:
04 — Nome:	RG:
05 — Nome:	RG:
06 — Nome:	RG:
07 — Nome:	RG:
08 — Nome:	RG:
09 — Nome:	RG:
10 — Nome:	RG:

Logotipo da empresa	PROCEDIMENTO DE TRABALHO	Elaborado por: Servidone	
		Data:	Pág.: 1 de 11
	Título: Inspeção de Luminárias	Revisão: 0	

Inspeção de Luminárias

1 — OBJETIVO: Este procedimento tem como objetivo definir procedimento para inspeção em luminárias visando as boas práticas de manutenção e a segurança de trabalhos em equipamentos elétricos.

2 — CAMPO DE APLICAÇÃO: Utilização em todo serviço de manutenção e inspeção de instalações elétricas em Corrente Alternada e Corrente Contínua.

3 — BASE TÉCNICA

Norma Regulamentadora 06 — Equipamentos de Proteção Individual — EPI.

Norma Regulamentadora 10 — Segurança em instalações e serviços em eletricidade.

Norma Regulamentadora 35 — Trabalho em altura.

NBR 5410 — Instalações elétricas em baixa tensão.

NBR ISO 8995 — Iluminação em ambientes de trabalho.

NBR 16384 — Segurança em Eletricidade.

4 — COMPETÊNCIAS

Item 10.13.4   Cabe aos trabalhadores:

a) Zelar pela sua segurança e saúde e a de outras pessoas que possam ser afetadas por suas ações ou omissões no trabalho;

b) Responsabilizar-se junto a sua empresa e a de terceiros pelo cumprimento das disposições legais e regulamen-

	PROCEDIMENTO DE TRABALHO	Elaborado por: Servidone	
Logotipo da empresa		Data:	Pág.: 2 de 11
	Título: Inspeção de Luminárias	Revisão: 0	

tares, inclusive quanto aos procedimentos internos de segurança e saúde; e

c) Comunicar, de imediato, ao responsável pela execução do serviço as situações que considerar de risco para sua segurança e saúde e a de outras pessoas.

O colaborador deverá ser o profissional que presta serviço na empresa e que pertence ou ao efetivo de funcionários ou a uma empresa contratada para realizar serviços de seu interesse no interior de sua instalação industrial, sob forma de terceirização de serviços.

Independente da forma de contratação o colaborador deverá ter seus certificados em dia, além da autorização fornecida pela empresa, inclusive com distinção entre suas experiências de forma a ficar claro quem é o responsável pela equipe em realizar serviços de seu interesse no interior de sua instalação industrial, sob forma de terceirização de serviços.

Independente da forma de contratação o colaborador deverá ter seus certificados em dia, além da autorização fornecida pela empresa, inclusive com distinção entre suas experiências de forma a ficar claro quem é o responsável pela equipe.

5 — RESPONSABILIDADES

Item 10.13.2 É de responsabilidade dos contratantes manter os trabalhadores informados sobre os riscos a que estão expostos, instruindo-os quanto aos procedimentos e medidas de controle contra os riscos elétricos a serem adotados.

Item 10.13.3 Cabe à empresa, na ocorrência de acidentes de trabalho envolvendo instalações e serviços em eletricidade, propor e adotar medidas preventivas e corretivas.

GERAL

Não é permitido operar nenhuma chave ou disjuntor elétrico sempre que este se encontrar bloqueado, sendo que a remoção do Bloqueador ou Etiqueta só poderá ser realizada pelo funcionário que os aplicou.

Logotipo da empresa	PROCEDIMENTO DE TRABALHO	Elaborado por: Servidone	
		Data:	Pág.: 3 de 11
	Título: Inspeção de Luminárias	Revisão: 0	

EXECUTANTE

- Seguir todas as instruções adquiridas no treinamento quanto ao uso de EPIs e EPCs;

- Seguir normas, procedimentos e instruções relacionados à segurança conforme orientação recebida em treinamento;

- Comunicar aos responsáveis as situações de risco para sua segurança e saúde ou de terceiros, que sejam do seu conhecimento;

- Conhecer os riscos e as medidas de prevenção que possam encontrar durante a atividade;

- Cumprir integralmente o disposto neste procedimento;

- Retirar somente seu bloqueio (suporte de cadeado de segurança / etiqueta) quando sua parte no trabalho estiver completa;

- Notificar ao supervisor ou chefia toda e qualquer ausência do local de trabalho, não importando o motivo;

- O operador nunca deve emprestar seu cartão pessoal e seu cadeado para outro funcionário;

- Participar da restauração de energia nas máquinas e equipamentos às operações normais de produção;

- Comunicar ao superior qualquer risco ou perigo de acidente, alertando também aos companheiros, para que sejam tomadas as devidas precauções, por mais insignificante que pareça a situação;

- Seguir à risca todas as normas de segurança, acompanhando os procedimentos, utilizando os EPIs e EPCs necessários, não brincando em serviço, nem ingerindo bebidas alcoólicas ou portando armas, não usar adornos ou aparelhos sonoros; e

- Utilizar o direito de recusa em caso de algum trabalho oferecer um risco que não esteja com as medidas de proteção corretas e possa acarretar um acidente, conforme item 1.4.3 da NR-01.

	PROCEDIMENTO DE TRABALHO	Elaborado por: Servidone	
Logotipo da empresa		Data:	Pág.: 4 de 11
	Título: Inspeção de Luminárias	Revisão: 0	

GERENTES

- Certificar com treinamentos e reuniões de boas-vindas e periódicas a todos os colaboradores sobre as normas de segurança da empresa e precauções de trabalho, fazendo que sejam cumpridas;

- Designar pessoal habilitado, autorizado e com as competências adequadas para as tarefas;

- Manter-se a par das alterações introduzidas nas normas de segurança do trabalho e transmiti-las aos seus colaboradores, bem como fornecer a CAT em casos de acidente;

- Proibir a entrada de menores e aprendizes em subestações ou áreas de risco; e

- Investigar as possíveis causas de acidentes e fazer cumprir as medidas que possam evitar sua repetição.

SUPERVISORES E ENCARREGADOS

- Garantir que todos os colaboradores envolvidos estejam cientes e seguindo, no mínimo, as recomendações deste procedimento;

- Instruir e cobrar os colaboradores com relação às normas de segurança, advertindo-os sob sua responsabilidade quando deixarem de cumprir tais normas;

- Verificar a utilização de equipamentos de sinalização, EPIs, EPCs e roupas adequadas, sem adornos, antes da execução dos serviços, orientando sobre o serviço a ser feito, tirando dúvidas e conservando o local de trabalho organizado e limpo;

- Distribuir as tarefas conforme estejam capacitados e de acordo com habilitação e autorização de cada um;

- Zelar pela conservação do ferramental e equipamentos de proteção, proibindo a utilização dos que apresentem defeitos e providenciando os Primeiros Socorros em caso de acidentes, cooperando com a CIPA e seguindo as orientações da empresa; e

	PROCEDIMENTO DE TRABALHO	Elaborado por: Servidone	
Logotipo da empresa		Data:	Pág.: 5 de 11
	Título: Inspeção de Luminárias	Revisão: 0	

- Verificar se todos os procedimentos estão disponíveis aos colaboradores e sendo seguidos corretamente, assinados pelos responsáveis e acompanhados pelas Ordens de Serviço (OS).

RESPONSÁVEL PELO PRONTUÁRIO DAS INSTALAÇÕES ELÉTRICAS (PIE)

Garantir o cumprimento desta instrução nas áreas de sua responsabilidade reciclando a equipe quanto aos procedimentos existentes.

BRIGADA DE EMERGÊNCIA

Retirar os executantes de atividade envolvendo eletricidade em situação de emergência e prestar-lhes os primeiros- socorros.

SESMT (SEGURANÇA DO TRABALHO)

Fazer cumprir esta instrução, identificar e avaliar os locais com atividades envolvendo eletricidade, identificar e implementar melhorias;

Prover direção e assistência para treinamento inicial e/ou reciclagem para todos os colaboradores que poderiam estar envolvidos em trabalho com eletricidade;

Treinar os colaboradores quanto ao correto uso dos EPIs e EPCs. Avaliar, selecionar e aprovar equipamento de proteção para trabalhos em eletricidade; e

Analisar e liberar a "Permissão de Trabalho" — PT, e análise de risco (quando aplicável), autorizando o início dos trabalhos.

6 — DISPOSIÇÕES GERAIS

Planejar previamente, programar, indicar todas as situações de risco e formas de controle, por meio de procedimentos específicos, padronizados, com descrição detalhada de cada tarefa, passo a passo e que seja passível de revisões, assinado pelo responsável da liberação do serviço;

Ser realizado por trabalhadores habilitados e autorizados;

Logotipo da empresa	PROCEDIMENTO DE TRABALHO	Elaborado por: Servidone	
		Data:	Pág.: 6 de 11
	Título: Inspeção de Luminárias	Revisão: 0	

Verificar SEMPRE se as condições de uso dos EPC, EPI e ferramental a serem utilizados para a atividade programada atendem o mínimo necessário, ou seja, se o selo dos testes de isolação estão devidamente fixados no instrumento e dentro da validade, bem como se há avarias e anormalidades no instrumento. Caso positivo, os itens em desacordo devem ser substituídos imediatamente;

Realizar a sinalização adequada e o isolamento da área garantindo a segurança das pessoas indiretamente expostas e dos demais executantes da tarefa;

Durante toda a execução do serviço, os colaboradores deverão evitar distrações e conversas sobre outros assuntos que não o serviço em foco, visando manter adequada concentração nas atividades, tornando o trabalho mais seguro para todos; e

Lembrar-se que a vestimenta de segurança também faz parte dos EPIs a serem avaliados.

7 — DESCRIÇÃO DETALHADA DA OPERAÇÃO (PASSO A PASSO)

INSTRUÇÕES GERAIS

PASSO 1

Analisar previamente os perigos e riscos relativos ao tipo de atividade que será executada na instalação elétrica, proceder conforme as ações preventivas e medidas de controle.

PASSO 2

Isolar a área onde o trabalho será executado, sinalizando a área para restrição de acesso aos profissionais autorizados.

Sugere-se o uso dos EPCs descritos no item 10.

PASSO 3

Sugere-se o uso dos EPIs conforme descrito no item 9.

Logotipo da empresa	PROCEDIMENTO DE TRABALHO	Elaborado por: Servidone	
		Data:	Pág.: 7 de 11
	Título: Inspeção de Luminárias	Revisão: 0	

Os EPIs Devem possuir laudo de teste ou Certificados de Aprovação (CA), bem como estar em bom estado de conservação.

PASSO 4

Antes do início das atividades é obrigatório a desenergização do circuito elétrico.

Antes de desligar o disjuntor, desenergizar todas as cargas elétricas alimentadas por ele.

Observação: (Ver procedimento *LockOut -TagOut*).

PASSO 5

Antes de iniciar a atividade de intervenção na luminária, verificar as condições das escadas, bem como o piso onde ela será apoiada;

Sempre com uma pessoa de capacete para auxílio, seja segurando a escada ou no apoio de solo;

Logotipo da empresa	PROCEDIMENTO DE TRABALHO	Elaborado por: Servidone	
		Data:	Pág.: 8 de 11
	Título: Inspeção de Luminárias	Revisão: 0	

PASSO 6

Identificar o quadro de alimentação da iluminação, desligar o disjuntor do circuito de alimentação:

- Sinalizar; e
- Bloquear com cadeado;

PASSO 7

Testar com instrumento de medição na escala de tensão alternada (Vac), a ausência de tensão junto à luminária que será executada manutenção;

PASSO 8

Retirar as lâmpadas;

Retirar a luminária.

Logotipo da empresa	PROCEDIMENTO DE TRABALHO	Elaborado por: Servidone	
		Data:	Pág.: 9 de 11
	Título: Inspeção de Luminárias	Revisão: 0	

PASSO 9

Após a manutenção da luminária, instalá-la novamente.

PASSO 10

Verificar se não há nenhuma pendência no serviço executado.

PASSO 11

Retirar o cadeado de bloqueio do disjuntor e reenergizar o circuito.

8 — MEDIDAS DE CONTROLE

a) Efetuar a desenergização das instalações onde está ocorrendo a manutenção ou reparo por meio do seccionamento de chaves/disjuntores/contatores ou retirada dos fusíveis das chaves, verificar a condição de ausência de tensão por meio de detector de tensão, amperímetro alicate e/ou multímetros;

b) Efetuar o impedimento de reenergização por meio de bloqueadores, travando chaves, disjuntores, contatores e painéis, evitando danos causados por energização inesperada e instalar etiqueta junto ao bloqueador;

c) Instalar de modo adequado o aterramento móvel padronizado no circuito que se deseja trabalhar, evitando, assim, descarga de energia armazenada durante processo dos equipamentos;

d) Antes de liberar o pessoal para o trabalho, deve-se acionar o botão de comando do equipamento em atividade de bloqueio para confirmar sua inatividade, e, só então liberar para execução dos trabalhos; e

e) Após a conclusão dos trabalhos, os seguintes cuidados deverão ser atendidos:

- Solicitar e confirmar a remoção de todas as ferramentas, dispositivos, componentes e resíduos consequentes dos serviços e retirada de todos os colaboradores não envolvidos no processo de reenergização;

Logotipo da empresa	**PROCEDIMENTO DE TRABALHO**	Elaborado por: Servidone	
		Data:	Pág.: 10 de 11
	Título: Inspeção de Luminárias	Revisão: **0**	

- Examinar a área e equipamento a ser restabelecido a fim de certificar que não existe nada impedindo seu restabelecimento, inclusive os conjuntos de aterramento elétricos, travamento mecânico e ferramentas; e

- Avisar todas as pessoas envolvidas neste trabalho que os dispositivos de bloqueio e as etiquetas serão retirados.

*** A partir da realização do item acima: todos deverão considerar o equipamento em retorno à operação normal, sendo proibido o retorno da intervenção neste equipamento, sem que se cumpra a rotina de impedimento, desde o início, novamente, bem como uma nova Ordem de Serviço deverá ser emitida com a nova situação de data e hora.

9 — RECOMENDAÇÕES DE PROTEÇÃO INDIVIDUAL

- Calçado de segurança tipo botina com biqueira composite;

- Conjunto Camisa e Calça anti-chama categoria 2;

- Óculos anti-embaçante;

- Capacete com jugular.

10 — RECOMENDAÇÕES DE PROTEÇÃO COLETIVA

- Cone de Sinalização;

- Fita Zebrada;

- Placa de Sinalização.

11 — ORIENTAÇÕES FINAIS

Para a efetiva implementação deste procedimento deverá ser realizado um treinamento com todos os envolvidos e uma verificação por parte dos coordenadores da efetiva utilização dos itens do procedimento.

Logotipo da empresa	**PROCEDIMENTO DE TRABALHO**	Elaborado por: Servidone	
		Data:	Pág.: 11 de 11
	Título: Inspeção de Luminárias	Revisão: **0**	

12 — APROVAÇÃO

Profissional Legalmente Habilitado:	
Função:	
CREA:	
Data:	Ass.

13 — OBSERVAÇÕES

Os EPIs e EPCs listados são apenas exemplos, pois cada atividade deve ser analisada e considerar os EPIs adequados a cada atividade, bem como os EPCs, que não apresentam CA (Certificado de Aprovação) junto ao Ministério do Trabalho também devem ser escolhidos conforme o tipo e o alcance de cada atividade.

14 — EQUIPE ENVOLVIDA

01 — Nome:	RG:
02 — Nome:	RG:
03 — Nome:	RG:
04 — Nome:	RG:
05 — Nome:	RG:
06 — Nome:	RG:
07 — Nome:	RG:
08 — Nome:	RG:
09 — Nome:	RG:
10 — Nome:	RG:
11 — Nome:	RG:
12 — Nome:	RG:
13 — Nome:	RG:
14 — Nome:	RG:
15 — Nome:	RG:
16 — Nome:	RG:
17 — Nome:	RG:
18 — Nome:	RG:
19 — Nome:	RG:
20 — Nome:	RG:

Logotipo da empresa	PROCEDIMENTO DE TRABALHO	Elaborado por: Vagner Lobosco
		Data: Pág.: 1 de 10
	Título: Aterramento Temporário	Revisão: 0

Aterramento Temporário

1 — OBJETIVO: Este procedimento tem como objetivo estabelecer um método seguro para manutenção em sistemas elétricos utilizando-se da prática do aterramento temporário (para qualquer nível de tensão) visando a segurança de todo o pessoal envolvido e das instalações e equipamentos elétricos.

2 — CAMPO DE APLICAÇÃO: Utilização em todo serviço de manutenção e inspeção dos sistemas elétricos, bem como deve ser exigida sua aplicação a todos os colaboradores, inclusive dos prestadores de serviço.

3 — BASE TÉCNICA

Norma Regulamentadora 06 — Equipamento de Proteção Individual — EPI.

Norma Regulamentadora 07 — Programa de Controle Médico de Saúde Ocupacional — PCMSO.

Norma Regulamentadora 10 — Segurança em Instalações e Serviços em Eletricidade.

ABNT NBR 5410 — Instalações Elétricas de Baixa Tensão.

ABNT NBR 14039 — Instalações Elétricas de Média Tensão de 1,0 kV a 36,2 kV.

NBR 16384 — Segurança em Eletricidade.

NBR 15749 — Medição de resistência de aterramento e de potenciais na superfície do solo em sistemas de aterramento.

Logotipo da empresa	**PROCEDIMENTO DE TRABALHO**	Elaborado por: Vagner Lobosco	
		Data:	Pág.: 2 de 10
	Título: Aterramento Temporário	Revisão: **0**	

4 — COMPETÊNCIAS

Item 10.13.4   Cabe aos trabalhadores:

a) zelar pela sua segurança e saúde e a de outras pessoas que possam ser afetadas por suas ações ou omissões no trabalho;

b) responsabilizar-se junto a empresa pelo cumprimento das disposições legais e regulamentares, inclusive quanto aos procedimentos internos de segurança e saúde; e

c) comunicar, de imediato, ao responsável pela execução do serviço as situações que considerar de risco para sua segurança e saúde e a de outras pessoas.

O colaborador deverá ser o profissional que presta serviço na empresa e que pertence ou ao efetivo de funcionários ou a uma empresa contratada para realizar serviços em suas instalações elétricas, sob a forma de terceirização de serviços.

Independente da forma de contratação, o colaborador deverá:

- Possuir seus certificados em dia, bem como suas autorizações fornecidas pela empresa;

- Assinar e armazenar a ordem de serviço de forma a ficar caracterizada a ação e quem é o responsável;

- Permanecer com a sinalização de segurança para identificação de riscos elétricos, prevenindo contato dos colaboradores com os equipamentos ou outros painéis energizados;

- Precaver-se contra a possibilidade de alimentação por outra fonte ou caminho do sistema elétrico;

- Quando em média tensão o trabalho deverá ser efetuado por, no mínimo, dois trabalhadores autorizados e que possuam seus certificados de treinamento no SEP; e

- Este procedimento está ligado diretamente aos gestores dos serviços de manutenção e inspeção elétricas.

Logotipo da empresa	**PROCEDIMENTO DE TRABALHO**	Elaborado por: Vagner Lobosco	
		Data:	Pág.: 3 de 10
	Título: Aterramento Temporário	Revisão: 0	

5 — RESPONSABILIDADES

Item 10.13.2 É de responsabilidade dos contratantes manter os trabalhadores informados sobre os riscos a que estão expostos, instruindo-os quanto aos procedimentos e medidas de controle contra os riscos elétricos a serem adotados.

Item 10.13.3 Cabe à empresa, na ocorrência de acidentes de trabalho envolvendo instalações e serviços em eletricidade, propor e adotar medidas preventivas e corretivas.

EQUIPE EXECUTANTE

Não é permitido operar nenhuma chave ou disjuntor elétrico sempre que este se encontrar bloqueado, sendo que a remoção do Bloqueador ou Etiqueta só poderá ser realizada pelo funcionário que os aplicou.

Seguir todas as instruções quanto ao uso de EPIs e EPCs, bem como as normas, procedimentos e instruções relacionados à segurança conforme orientação recebida em treinamento.

Conhecer os riscos da atividade, suas medidas de prevenção e discutir estas antes de iniciar os procedimentos.

Cumprir integralmente o disposto neste procedimento;

- Retirar somente seu bloqueio (suporte de cadeado de segurança/etiqueta) quando sua parte no trabalho estiver completa;
- Notificar ao supervisor ou chefia toda e qualquer ausência do local de trabalho, não importando o motivo;
- O operador nunca deve emprestar seu cartão pessoal e seu cadeado para outro funcionário;
- Participar da restauração de energia nas máquinas e equipamentos às operações normais de produção;
- Comunicar ao superior qualquer risco ou perigo de acidente, alertando também aos companheiros, para que sejam tomadas as devidas precauções, por mais insignificante que pareça a situação;
- Seguir à risca todas as normas de segurança, acompanhando os procedimentos, utilizando os EPIs e EPCs necessários, não brincando em serviço, nem ingerindo

	PROCEDIMENTO DE TRABALHO	Elaborado por: Vagner Lobosco	
Logotipo da empresa		Data:	Pág.: 4 de 10
	Título: Aterramento Temporário	Revisão: 0	

bebidas alcoólicas ou portando armas, não usar adornos ou aparelhos sonoros; e

- Utilizar o direito de recusa em caso de algum trabalho oferecer um risco que não esteja com as medidas de proteção corretas e possa acarretar um acidente, conforme item 1.4.3 da NR-01.

GERENTES

- Certificar com treinamentos e reuniões de boas-vindas e periódicas a todos os colaboradores sobre as normas de segurança da empresa e precauções de trabalho, fazendo que sejam cumpridas;
- Designar pessoal habilitado, autorizado e com as competências adequadas para as tarefas;
- Manter-se a par das alterações introduzidas nas normas de segurança do trabalho e transmiti-las aos seus colaboradores, bem como fornecer a CAT em casos de acidente;
- Proibir a entrada de menores e aprendizes em subestações ou áreas de risco; e
- Estudar as possíveis causas de acidentes e fazer cumprir as medidas de forma a evitar novas ocorrências.

SUPERVISORES/ENCARREGADOS

- Garantir que todos os colaboradores envolvidos estejam cientes e seguindo os passos deste procedimento;
- Instruir e cobrar os colaboradores com relação às normas de segurança, advertindo-os sob sua responsabilidade quando deixarem de cumprir tais normas;
- Verificar a utilização de equipamentos de sinalização, EPIs, EPCs e roupas adequadas, sem adornos, antes da execução dos serviços, orientando sobre o serviço a ser feito, tirando dúvidas e conservando o local de trabalho organizado e limpo;
- Distribuir as tarefas conforme estejam capacitados e de acordo com habilitação e autorização de cada um;

Logotipo da empresa	PROCEDIMENTO DE TRABALHO	Elaborado por: Vagner Lobosco	
		Data:	Pág.: 5 de 10
	Título: Aterramento Temporário	Revisão: 0	

- Zelar pela conservação do ferramental e equipamentos de proteção, proibindo a utilização dos que apresentem defeitos e providenciando os Primeiros Socorros em caso de acidentes, cooperando com a CIPA e seguindo as orientações da empresa; e

- Verificar se todos os procedimentos estão disponíveis aos colaboradores e sendo seguidos corretamente, assinados pelos responsáveis e acompanhados pelas Ordens de Serviço (OS).

RESPONSÁVEL PELO PRONTUÁRIO DAS INSTALAÇÕES ELÉTRICAS (PIE)

- Garantir o cumprimento desta instrução nas áreas de sua responsabilidade reciclando a equipe quanto aos procedimentos existentes e armazenar as documentações geradas pelo serviço e executado.

BRIGADA DE EMERGÊNCIA

- Garantir que os colaboradores não envolvidos na atividade estejam numa distância segura e estar preparados para quaisquer emergências.

SESMT (SEGURANÇA DO TRABALHO)

Fazer cumprir esta instrução, identificar e avaliar os locais com atividades envolvendo eletricidade, identificar e implementar melhorias.

Prover direção e assistência para treinamento inicial e/ou reciclagem para todos os colaboradores que poderiam estar envolvidos em trabalho com eletricidade.

Avaliar, selecionar e aprovar EPIs e EPCs, além de treinar os colaboradores quanto ao seu correto uso para trabalhos em eletricidade.

Analisar e autorizar a utilização dos documentos "Permissão de Trabalho" — PT e "Análise Preliminar de Risco" — APR (quando aplicável), auxiliando no desenvolvimento e atualização deles.

Logotipo da empresa	**PROCEDIMENTO DE TRABALHO**	Elaborado por: Vagner Lobosco	
		Data:	Pág.: 6 de 10
	Título: Aterramento Temporário	Revisão: 0	

6 — DISPOSIÇÕES GERAIS

Planejar previamente, programar, indicar todas as situações de risco e formas de controle, por meio de procedimentos específicos, padronizados, com descrição detalhada de cada tarefa, passo a passo, e que seja passível de revisões, assinado pelo responsável da liberação do serviço;

Ser realizado por trabalhadores habilitados e autorizados;

Verificar sempre as condições de uso dos EPC, EPI e ferramental a ser utilizado para a atividade programada, checando a validade dos selos dos testes de isolação e quando de avarias e anormalidades devem ser substituídos imediatamente; Realizar sinalização adequada e o isolamento da área garantindo a segurança das pessoas indiretamente expostas e dos demais executantes da tarefa;

Durante toda execução do serviço, os colaboradores deverão evitar distrações e conversas sobre outros assuntos que não o serviço em foco, visando manter adequada concentração nas atividades, tornando o trabalho mais seguro para todos, e lembrar que a vestimenta de segurança também faz parte dos EPIs a serem utilizados.

7 — DESCRIÇÃO DETALHADA DA OPERAÇÃO (PASSO A PASSO) COM MEDIDAS DE CONTROLE

Preparativos para iniciar

- Verificar o preenchimento e as assinaturas da Ordem de Serviço, bem como se há cópias dos Procedimentos necessários ao serviço previsto e se todos tem conhecimento deles;
- Isolar a área que sofrerá manutenção utilizando o material adequado citado no procedimento de isolamento de área;
- Depois de liberado o equipamento, mediante seccionamento das fontes de energia elétrica, estando as mesmas devidamente bloqueadas e etiquetadas, proceda à verificação da ausência de tensão, utilizando detectores

Logotipo da empresa	**PROCEDIMENTO DE TRABALHO**	Elaborado por: Vagner Lobosco	
		Data:	Pág.: 7 de 10
	Título: Aterramento Temporário	Revisão: **0**	

com bastão de manobra isolante (para média tensão) ou ferramental adequadamente isolados; e

- Conhecer os riscos e verificar como controlá-los por meio dos procedimentos, além de comunicar ao pessoal envolvido da manutenção que o serviço será realizado e ao setor de trabalho que a máquina ou equipamento será desligado e bloqueado, além do tempo previsto à tarefa solicitada.

Conexão do Aterramento Temporário

- Uma vez verificado que o(s) circuito(s) objeto(s) da tarefa está desligado, bloqueado e constatar a ausência de tensão, proceda ao aterramento do(s) barramento(s) e cabo(s);
- Verificar o comprimento dos bastões e a melhor posição a ser aplicada (para média tensão);
- Conferir os equipamentos e EPIs a serem utilizados, seu estado e condições locais de aplicação das atividades;
- Desenrolar os cabos do conjunto de aterramento sem embaraçá-los, facilitando sua utilização;
- O conjunto de aterramento é composto de quatro cabos interconectados, sendo que o mais extenso é que deve ser interligado à malha de terra e os outros de mesmo comprimento devem ser ligados um em cada fase;
- Após a fixação dos conectores (ou grampos) verificar se estão bem colocados e se todas as fases foram conectadas;
- **Limpeza**: independente do local deve-se proceder primeiramente a uma limpeza das partes internas e externas, utilizando-se aspiradores de pó, pincéis isolados e panos secos e limpos. Nos contatos elétricos, limpe-os utilizando esponja ou solução para limpeza, se necessário;
- **Cuidados especiais**: devem ser tomados na limpeza de isoladores e partes isolantes, cuja limpeza sempre deve ser feita com panos secos e limpos e somente quando

Logotipo da empresa	**PROCEDIMENTO DE TRABALHO**	Elaborado por: Vagner Lobosco	
		Data:	Pág.: 8 de 10
	Título: Aterramento Temporário	Revisão: **0**	

necessário utilizar solução de limpeza apropriada para remoção de sujeiras mais difíceis;

8 — APÓS A CONCLUSÃO DOS SERVIÇOS

Desconexão do Aterramento Temporário

- Antes de retirar o conjunto de aterramento, verificar com o responsável pela tarefa a autorização para isso.
- Conferir a retirada da equipe executante da área a ser liberada;
- Desconectar os cabos de aterramento das fases;
- Desconectar os cabos de aterramento da malha de terra utilizada;
- Solicitar a outro executante a verificação que os conectores foram liberados e que o conjunto de aterramento pode ser arrumado e retirado da área;
- O encarregado da tarefa deve verificar a organização e limpeza da área, autorizando a finalização da tarefa, o desbloqueio dos dispositivos de comando e a liberação do(s) equipamento(s) para reenergização;
- Verificar os circuitos e efetuar as medições necessárias para garantir que tudo esteja em perfeito funcionamento;
- Concluir a Ordem de Serviço, preenchendo e assinando-a de acordo com o procedimento; e
- Devolver a Ordem de Serviço para o Departamento de Segurança do Trabalho.

9 — RECOMENDAÇÕES DE PROTEÇÃO INDIVIDUAL

- Calçado de segurança tipo botina com biqueira não metálica;
- Vestimenta de segurança;
- Óculos e luvas;
- Protetor auricular;
- Capacete com protetor auricular.

	PROCEDIMENTO DE TRABALHO	Elaborado por: Vagner Lobosco	
Logotipo da empresa		Data:	Pág.: 9 de 10
	Título: Aterramento Temporário	Revisão: 0	

10 — RECOMENDAÇÕES DE PROTEÇÃO COLETIVA

- Cone de sinalização;
- Fita zebrada;
- Placas de Advertência.

11 — ORIENTAÇÕES FINAIS

Efetuar a desenergização das instalações onde esta ocorrendo a manutenção ou o reparo por meio do seccionamento de chaves/disjuntores/contatores ou retirada dos fusíveis das chaves, verificar a condição de ausência de tensão pelo detector de tensão, amperímetro alicate e/ou multímetros;

Efetuar o impedimento de reenergização por meio de bloqueadores, travando chaves, disjuntores, contatores e painéis, evitando danos causados por energização inesperada e instalar etiqueta junto ao bloqueador;

Instalar de modo adequado o aterramento móvel padronizado no circuito que se deseja trabalhar evitando, assim, descarga de energia armazenada durante processo dos equipamentos; e

Antes de liberar o pessoal para o trabalho, deve-se acionar o botão de comando do equipamento em atividade de bloqueio para confirmar sua inatividade, e, só então liberar para execução dos trabalhos.

Após a conclusão dos trabalhos, os seguintes cuidados deverão ser atendidos:

Solicitar e confirmar a remoção de todas as ferramentas, dispositivos, componentes e resíduos consequentes dos serviços e retirada de todos os colaboradores não envolvidos no processo de reenergização;

Examinar a área e equipamento a ser restabelecido a fim de certificar-se que não existe nada impedindo seu restabelecimento, inclusive os conjuntos de aterramentos elétricos, travamentos mecânicos e ferramentas; e

Avisar todas as pessoas envolvidas neste trabalho que os dispositivos de bloqueio e as etiquetas serão retirados.

A partir da realização do item anterior acima, todos deverão considerar o equipamento em retorno à operação normal, sendo proibido o retorno da intervenção neste equipamento, sem que

Logotipo da empresa	PROCEDIMENTO DE TRABALHO	Elaborado por: Vagner Lobosco
		Data:	Pág.: 10 de 10
	Título: Aterramento Temporário	Revisão: 0

se cumpra a rotina de impedimento, desde o início, novamente, bem como uma nova Ordem de Serviço (OS) deverá ser emitida com a nova situação de data e hora, da mesma forma que se for alterada a equipe de trabalho também deve ser reemitida a OS.

12 — APROVAÇÃO

Profissional Legalmente Habilitado:		Responsável pela Execução:	
Função:		Função:	
CREA:		Crachá:	
Data:	Ass.:	Data:	Ass.:

13 — OBSERVAÇÕES

Os EPIs e EPCs listados são apenas exemplos, pois cada atividade deve ser analisada e considerar os EPIs adequados a cada atividade, bem como os EPCs, que não apresentam CA (Certificado de Aprovação) junto ao Ministério do Trabalho também devem ser escolhidos conforme o tipo e o alcance de cada atividade.

Para a efetiva implementação deste procedimento deverá ser realizado um treinamento com todos os envolvidos e uma verificação por parte dos coordenadores da efetiva utilização dos itens do procedimento.

14 — EQUIPE ENVOLVIDA

01 — Nome:	RG:
02 — Nome:	RG:
03 — Nome:	RG:
04 — Nome:	RG:
05 — Nome:	RG:
06 — Nome:	RG:
07 — Nome:	RG:
08 — Nome:	RG:
09 — Nome:	RG:
10 — Nome:	RG:

Logotipo da empresa	PROCEDIMENTO DE TRABALHO	Elaborado por: Servidone	
		Data:	Pág.: 1 de 11
	Título: Preventiva de Quadros e Painéis	Revisão: 0	

Preventiva de Quadros e Painéis

1 — OBJETIVO: Este procedimento tem como objetivo definir procedimento para inspeção em quadros e painéis elétricos visando as boas práticas de manutenção e a segurança de trabalhos em equipamentos elétricos.

2 — CAMPO DE APLICAÇÃO: Utilização em todo serviço de manutenção e inspeção de instalações elétricas em Corrente Alternada e Corrente Contínua.

3 — BASE TÉCNICA

Norma Regulamentadora 06 — Equipamentos de Proteção Individual — EPI.

Norma Regulamentadora 10 — Segurança em instalações e serviços em eletricidade.

NBR 5410 — Instalações elétricas em baixa tensão.

NBR 16384 — Segurança em Eletricidade.

4 — COMPETÊNCIAS

Item 10.13.4   Cabe aos trabalhadores:

a) Zelar pela sua segurança e saúde e a de outras pessoas que possam ser afetadas por suas ações ou omissões no trabalho;

b) Responsabilizar-se junto a empresa pelo cumprimento das disposições legais e regulamentares, inclusive quanto aos procedimentos internos de segurança e saúde; e

	PROCEDIMENTO DE TRABALHO	Elaborado por: Servidone	
Logotipo da empresa		Data:	Pág.: 2 de 11
	Título: Preventiva de Quadros e Painéis	Revisão: 0	

c) Comunicar, de imediato, ao responsável pela execução do serviço as situações que considerar de risco para sua segurança e saúde e a de outras pessoas.

O colaborador deverá ser o profissional que presta serviço na empresa e que pertence ou ao efetivo de funcionários ou à uma empresa contratada para realizar serviços de seu interesse no interior de sua instalação industrial, sob forma de terceirização de serviços.

Independente da forma de contratação, o colaborador deverá ter seus certificados em dia, além da autorização fornecida pela empresa, inclusive com distinção entre suas experiências de forma a ficar claro quem é o responsável pela equipe.

5 — RESPONSABILIDADES

Item 10.13.2 É de responsabilidade dos contratantes manter os trabalhadores informados sobre os riscos a que estão expostos, instruindo-os quanto aos procedimentos e medidas de controle contra os riscos elétricos a serem adotados.

Item 10.13.3 Cabe à empresa, na ocorrência de acidentes de trabalho envolvendo instalações e serviços em eletricidade, propor e adotar medidas preventivas e corretivas.

GERAL

Não é permitido operar nenhuma chave ou disjuntor elétrico sempre que este se encontrar bloqueado, sendo que a remoção do **Bloqueador ou Etiqueta** só poderá ser realizada pelo funcionário que os aplicou.

EXECUTANTE

- Seguir todas as instruções adquiridas no treinamento quanto ao uso de EPIs e EPCs;

- Seguir normas, procedimentos e instruções relacionados à segurança conforme orientação recebida em treinamento;

		Elaborado por: Servidone	
Logotipo da empresa	PROCEDIMENTO DE TRABALHO	Data:	Pág.: 3 de 11
	Título: Preventiva de Quadros e Painéis	Revisão: 0	

- Comunicar aos responsáveis as situações de risco para sua segurança e saúde ou de terceiros, que sejam do seu conhecimento;

- Conhecer os riscos e as medidas de prevenção que possam encontrar durante a atividade;

- Cumprir integralmente o disposto neste procedimento;

- Retirar somente seu bloqueio (suporte de cadeado de segurança/etiqueta) quando sua parte no trabalho estiver completa;

- Notificar ao supervisor ou chefia toda e qualquer ausência do local de trabalho, não importando o motivo;

- O operador nunca deve emprestar seu cartão pessoal e seu cadeado para outro funcionário;

- Participar da restauração de energia nas máquinas e equipamentos às operações normais de produção;

- Comunicar ao superior qualquer risco ou perigo de acidente, alertando também aos companheiros, para que sejam tomadas as devidas precauções, por mais insignificante que pareça a situação;

- Seguir à risca todas as normas de segurança, acompanhando os procedimentos, utilizando os EPIs e EPCs necessários, não brincando em serviço, nem ingerindo bebidas alcoólicas ou portando armas, não usar adornos ou aparelhos sonoros; e

- Utilizar o direito de recusa em caso de algum trabalho oferecer um risco que não esteja com as medidas de proteção corretas e possa acarretar um acidente, conforme item 1.4.3 da NR-01.

GERENTES

- Certificar com treinamentos e reuniões de boas-vindas e periódicas a todos os colaboradores sobre as normas de segurança da empresa e precauções de trabalho, fazendo que sejam cumpridas;

	PROCEDIMENTO DE TRABALHO	Elaborado por: Servidone	
Logotipo da empresa		Data:	Pág.: 4 de 11
	Título: Preventiva de Quadros e Painéis	Revisão: **0**	

- Designar pessoal habilitado, autorizado e com as competências adequadas para as tarefas;

- Manter-se a par das alterações introduzidas nas normas de segurança do trabalho e transmiti-las aos seus colaboradores, bem como fornecer a CAT em casos de acidente;

- Proibir a entrada de menores e aprendizes em subestações ou áreas de risco; e

- Investigar as possíveis causas de acidentes e fazer cumprir as medidas que possam evitar sua repetição.

SUPERVISORES E ENCARREGADOS

- Garantir que todos os colaboradores envolvidos estejam cientes e seguindo, no mínimo, as recomendações deste procedimento;

- Instruir e cobrar os colaboradores com relação às normas de Higiene e de Segurança do Trabalho, advertindo-os sob sua responsabilidade quando deixarem de cumprir tais normas;

- Verificar a utilização de equipamentos de sinalização, EPIs, EPCs e roupas adequadas, sem adornos, antes da execução dos serviços, orientando sobre o serviço a ser feito, tirando dúvidas e conservando o local de trabalho organizado e limpo;

- Distribuir as tarefas conforme estejam capacitados e de acordo com habilitação e autorização de cada um;

- Zelar pela conservação do ferramental e equipamentos de proteção, proibindo a utilização dos que apresentem defeitos e providenciando os Primeiros Socorros em caso de acidentes, cooperando com a CIPA e seguindo as orientações da empresa; e

- Verificar se todos os procedimentos estão disponíveis aos colaboradores e sendo seguidos corretamente, assinados pelos responsáveis e acompanhados pelas Ordens de Serviço (OS).

Logotipo da empresa	PROCEDIMENTO DE TRABALHO	Elaborado por: Servidone	
		Data:	Pág.: 5 de 11
	Título: Preventiva de Quadros e Painéis	Revisão: 0	

RESPONSÁVEL PELO PRONTUÁRIO DAS INSTALAÇÕES ELÉTRICAS (PIE)

Garantir o cumprimento desta instrução nas áreas de sua responsabilidade reciclando a equipe quanto aos procedimentos existentes.

BRIGADA DE EMERGÊNCIA

Retirar os executantes de atividade envolvendo eletricidade em situação de emergência e prestar-lhes os primeiros- socorros.

SESMT (SEGURANÇA DO TRABALHO)

Fazer cumprir esta instrução, identificar e avaliar os locais com atividades envolvendo eletricidade, identificar e implementar melhorias;

Prover direção e assistência para treinamento inicial e/ou reciclagem para todos os colaboradores que poderiam estar envolvidos em trabalho com eletricidade;

Treinar os colaboradores quanto ao correto uso dos EPIs e EPCs. Avaliar, selecionar e aprovar equipamento de proteção para trabalhos em eletricidade; e

Analisar e liberar a "Permissão de Trabalho" — PT, e análise de risco (quando aplicável), autorizando o início dos trabalhos.

6 — DISPOSIÇÕES GERAIS

Planejar previamente, programar, indicar todas as situações de risco e formas de controle, por meio de procedimentos específicos, padronizados, com descrição detalhada de cada tarefa, passo a passo, e que seja passível de revisões, assinado pelo responsável da liberação do serviço;

Ser realizado por trabalhadores habilitados e autorizados;

Verificar sempre as condições de uso dos EPC, EPI e ferramental a ser utilizado para a atividade programada, chegando a validade dos selos de testes de isolação e quando de avarias e anormalidades devem ser substituídos imediatamente;

Logotipo da empresa	PROCEDIMENTO DE TRABALHO	Elaborado por: Servidone	
		Data:	Pág.: 6 de 11
	Título: Preventiva de Quadros e Painéis	Revisão: 0	

Realizar a sinalização adequada e o isolamento da área garantindo a segurança das pessoas indiretamente expostas e dos demais executantes da tarefa;

Durante toda a execução do serviço, os colaboradores deverão evitar distrações e conversas sobre outros assuntos que não o serviço em foco, visando manter adequada concentração nas atividades, tornando o trabalho mais seguro para todos; e

Lembrar-se que a vestimenta de segurança também faz parte dos EPIs a serem avaliados.

7 — DESCRIÇÃO DETALHADA DA OPERAÇÃO (PASSO A PASSO)

INSTRUÇÕES GERAIS

PASSO 1

Analisar previamente o perigo/risco relativo ao tipo de atividade que será executada na instalação elétrica, proceder conforme as ações preventivas/medidas de controle.

PASSO 2

Isolar a área onde o trabalho será executado, sinalizando a área para restrição de acesso aos profissionais autorizados.

Sugere-se o uso dos EPCs descritos no item 10.

PASSO 3

Sugere-se o uso dos EPIs conforme descrito no item 9.

Logotipo da empresa	PROCEDIMENTO DE TRABALHO	Elaborado por: Servidone	
		Data:	Pág.: 7 de 11
	Título: Preventiva de Quadros e Painéis	Revisão: 0	

Os EPIs devem possuir laudo de teste ou Certificados de Aprovação (CA).

PASSO 4

Desligar todas as cargas que estão sendo alimentadas pelo quadro elétrico/painel o qual se deseja fazer intervenção

PASSO 5

Desenergizar o circuito elétrico que alimenta o disjuntor principal do painel.

Observação: (Ver procedimento *Lockout — Tagout*.)

PASSO 6

Testar com instrumento de medição na escala de tensão alternada (Vac), a ausência de tensão junto ao quadro/painel elétrico que será executada a manutenção.

PASSO 7

Proceder com a manutenção no quadro elétrico/painel conforme plano de manutenção da companhia.

Obs.: O Passo 8 é uma sugestão de inspeção interna, ficando a critério do executor sua revisão.

Logotipo da empresa	**PROCEDIMENTO DE TRABALHO**	Elaborado por: Servidone	
		Data:	Pág.: 8 de 11
	Título: Preventiva de Quadros e Painéis	Revisão: 0	

PASSO 8

Executar inspeção visual nos painéis elétricos conforme abaixo:

- ✓ As dobradiças e trancas/fechos estão em bom estado?
- ✓ Há alterações das condições originais ou normais das instalações?
- ✓ Há alterações nos sistemas de controle, dos alarmes luminosos e sonoros?
- ✓ Há presença de fumaça ou odor de queimado?
- ✓ Há fontes de ruídos característicos de defeito ou falha;
- ✓ Há presença de defeitos nos *displays* das interfaces Homem/Máquina (IHM);
- ✓ Há presença de lixo, resíduos, estilhaços ou centelhas;
- ✓ Há goteiras e/ou o aparecimento de trincas nas paredes;
- ✓ Há animais e/ou a presença de corpos estranhos;
- ✓ O Painel está livre de obstruções?
- ✓ Há presença de partes vivas (energizadas) das instalações elétricas expostas e colocando em risco os colaboradores?

PASSO 9

Ao finalizar o serviço, verificar se as condições iniciais das instalações elétricas estão mantidas.

PASSO 10

Retirar o cadeado de bloqueio do disjuntor e reenergizar o circuito.

PASSO 11

Fechar o quadro/painel elétrico de modo a restabelecer o acesso somente ao pessoal autorizado.

8 — MEDIDAS DE CONTROLE

a) Efetuar a desenergização das instalações onde está ocorrendo a manutenção ou o reparo por meio do

Logotipo da empresa	PROCEDIMENTO DE TRABALHO	Elaborado por: Servidone	
		Data:	Pág.: 9 de 11
	Título: Preventiva de Quadros e Painéis	Revisão: 0	

seccionamento de chaves/disjuntores/contatores ou retirada dos fusíveis das chaves, verificar a condição de ausência de tensão por meio de detector de tensão, amperímetro alicate e/ou multímetros;

b) Efetuar o impedimento de reenergização por meio de bloqueadores, travando chaves, disjuntores, contatores e painéis, evitando danos causados por energização inesperada e instalar etiqueta junto ao bloqueador;

c) Instalar de modo adequado o aterramento móvel padronizado no circuito que se deseja trabalhar, evitando, assim, descarga de energia armazenada durante processo dos equipamentos;

d) Antes de liberar o pessoal para o trabalho, deve-se acionar o botão de comando do equipamento em atividade de bloqueio para confirmar sua inatividade, e, só então liberar para execução dos trabalhos; e

e) Após a conclusão dos trabalhos, os seguintes cuidados deverão ser atendidos:

- Solicitar e confirmar a remoção de todas as ferramentas, dispositivos, componentes e resíduos consequentes dos serviços e retirada de todos os colaboradores não envolvidos no processo de reenergização;

- Examinar a área e equipamento a ser restabelecido a fim de certificar que não existe nada impedindo seu restabelecimento, inclusive os conjuntos de aterramento elétricos, travamento mecânico e ferramentas; e

- Avisar todas as pessoas envolvidas neste trabalho que os dispositivos de bloqueio e as etiquetas serão retirados.

*** **A partir da realização do item acima:** todos deverão considerar o equipamento em retorno à operação normal, sendo proibido o retorno da intervenção neste equipamento, sem que se cumpra a rotina de impedimento, desde o início, novamente, bem como uma nova Ordem de Serviço deverá ser emitida com a nova situação de data e hora.

Logotipo da empresa	**PROCEDIMENTO DE TRABALHO**	Elaborado por: Servidone	
		Data:	Pág.: 10 de 11
	Título: Preventiva de Quadros e Painéis	Revisão: **0**	

9 — RECOMENDAÇÕES DE PROTEÇÃO INDIVIDUAL

- Calçado de segurança tipo botina com biqueira composite;
- Conjunto Camisa e Calça anti-chama categoria 2;
- Óculos anti-embaçante;
- Capacete com jugular.

10 — RECOMENDAÇÕES DE PROTEÇÃO COLETIVA

- Cone de Sinalização;
- Fita Zebrada;
- Placa de Sinalização;
- Kit Travamento disjuntor com cadeado e placa de identificação.

11 — ORIENTAÇÕES FINAIS

Para a efetiva implementação deste procedimento deverá ser realizado um treinamento com todos os envolvidos e uma verificação por parte dos coordenadores da efetiva utilização dos procedimentos implantados.

12 — APROVAÇÃO

Profissional Legalmente Habilitado:	
Função:	
CREA:	
Data:	Ass.:

13 — OBSERVAÇÕES

Os EPIs e EPCs listados são apenas exemplos, pois cada atividade deve ser analisada e considerar os EPIs adequados a cada atividade, bem como os EPCs, que não apresentam CA (Certificado de Aprovação) junto ao Ministério do Trabalho também devem ser escolhidos conforme o tipo e o alcance de cada atividade.

	PROCEDIMENTO DE TRABALHO	Elaborado por: Servidone	
Logotipo da empresa		Data:	Pág.: 11 de 11
	Título: Preventiva de Quadros e Painéis	Revisão: 0	

14 — EQUIPE ENVOLVIDA

01 — Nome:	RG:
02 — Nome:	RG:
03 — Nome:	RG:
04 — Nome:	RG:
05 — Nome:	RG:
06 — Nome:	RG:
07 — Nome:	RG:
08 — Nome:	RG:
09 — Nome:	RG:
10 — Nome:	RG:
11 — Nome:	RG:
12 — Nome:	RG:
13 — Nome:	RG:
14 — Nome:	RG:
15 — Nome:	RG:
16 — Nome:	RG:
17 — Nome:	RG:
18 — Nome:	RG:
19 — Nome:	RG:
20 — Nome:	RG:

Logotipo da empresa	PROCEDIMENTO DE TRABALHO	Elaborado por: Vagner Lobosco	
		Data:	Pág.: 1 de 10
	Título: Desenergização e Reenergização de Disjuntor BT	Revisão: 0	

Desenergização e Reenergização de Disjuntor BT

1 — OBJETIVO: Este procedimento tem como objetivo estabelecer um método seguro para realizar a desenergização e a reenergização em disjuntores de baixa tensão (BT) e que devem ser realizadas todas as vezes que houver manutenção nos circuitos elétricos.

2 — CAMPO DE APLICAÇÃO: Utilização em todo serviço de manutenção ou inspeção dos sistemas elétricos.

3 — BASE TÉCNICA

Norma Regulamentadora 06 — Equipamento de Proteção Individual — EPI.

Norma Regulamentadora 07 — Programa de Controle Médico de Saúde Ocupacional — PCMSO.

Norma Regulamentadora 10 — Segurança em Instalações e Serviços em Eletricidade.

ABNT NBR 5410 — Instalações Elétricas de Baixa Tensão.

ABNT NBR 14039 — Instalações Elétricas de Média Tensão de 1,0 kV a 36,2 kV.

NBR 16384 — Segurança em Eletricidade.

4 — COMPETÊNCIAS

Item 10.13.4 Cabe aos trabalhadores:

a) zelar pela sua segurança e saúde e a de outras pessoas que possam ser afetadas por suas ações ou omissões no trabalho;

	PROCEDIMENTO DE TRABALHO	Elaborado por: Vagner Lobosco	
Logotipo da empresa		Data:	Pág.: 2 de 10
	Título: Desenergização e Reenergização de Disjuntor BT	Revisão: 0	

b) responsabilizar-se junto a empresa pelo cumprimento das disposições legais e regulamentares, inclusive quanto aos procedimentos internos de segurança e saúde; e

c) comunicar, de imediato, ao responsável pela execução do serviço as situações que considerar de risco para sua segurança e saúde e a de outras pessoas.

O colaborador deverá ser o profissional que presta serviço na empresa e que pertence ou ao efetivo de funcionários ou a uma empresa contratada para realizar serviços em suas instalações elétricas, sob a forma de terceirização de serviços.

Independente da forma de contratação, o colaborador deverá:

- Possuir seus certificados em dia, bem como suas autorizações fornecidas pela empresa;

- Assinar e armazenar a ordem de serviço de forma a ficar caracterizada a ação e quem é o responsável;

- Permanecer com a sinalização de segurança para identificação de riscos elétricos, prevenindo contato dos colaboradores com os equipamentos ou outros painéis energizados;

- Precaver-se contra a possibilidade de alimentação por outra fonte ou caminho do sistema elétrico;

- Quando em média tensão o trabalho deverá ser efetuado por, no mínimo, dois trabalhadores autorizados e que possuam seus certificados de treinamento no SEP; e

- Este procedimento está ligado diretamente aos gestores dos serviços de manutenção e inspeção elétricas.

5 — RESPONSABILIDADES

Item 10.13.2 É de responsabilidade dos contratantes manter os trabalhadores informados sobre os riscos a que estão expostos, instruindo-os quanto aos procedimentos e medidas de controle contra os riscos elétricos a serem adotados.

	PROCEDIMENTO DE TRABALHO	Elaborado por: Vagner Lobosco	
Logotipo da empresa		Data:	Pág.: 3 de 10
	Título: Desenergização e Reenergização de Disjuntor BT	Revisão: 0	

Item 10.13.3 Cabe à empresa, na ocorrência de acidentes de trabalho envolvendo instalações e serviços em eletricidade, propor e adotar medidas preventivas e corretivas.

EQUIPE EXECUTANTE

Não é permitido operar nenhuma chave ou disjuntor elétrico sempre que este se encontrar bloqueado, sendo que a remoção do Bloqueador ou Etiqueta só poderá ser realizada pelo funcionário que os aplicou.

Seguir todas as instruções quanto ao uso de EPIs e EPCs, bem como as normas, procedimentos e instruções relacionados à segurança conforme orientação recebida em treinamento.

Conhecer os riscos da atividade, suas medidas de prevenção e discutir as mesmas antes de iniciar os procedimentos.

Cumprir integralmente o disposto neste procedimento:

- Retirar somente seu bloqueio quando sua parte no trabalho estiver completa;
- Notificar ao supervisor ou chefia toda e qualquer ausência do local de trabalho, não importando o motivo;
- O operador nunca deve emprestar seu cartão pessoal e seu cadeado para outro funcionário;
- Participar da restauração de energia nas máquinas e equipamentos às operações normais de produção;
- Comunicar ao superior qualquer risco ou perigo de acidente, alertando também aos companheiros, para que sejam tomadas as devidas precauções, por mais insignificante que pareça a situação;
- Seguir à risca todos os procedimentos de trabalho de forma segura, utilizando os EPIs e EPCs necessários, não brincar em serviço, nem ingerir álcool ou portar armas, não usar adornos ou aparelhos sonoros; e
- Utilizar o direito de recusa em caso de algum trabalho oferecer um risco que não esteja com as medidas de proteção corretas e possa acarretar um acidente, conforme item 1.4.3 da NR-01.

	PROCEDIMENTO DE TRABALHO	Elaborado por: Vagner Lobosco	
Logotipo da empresa		Data:	Pág.: 4 de 10
	Título: Desenergização e Reenergização de Disjuntor BT	Revisão: 0	

GERENTES

- Certificar com treinamentos e reuniões de boas-vindas e periódicas a todos os colaboradores sobre as normas de segurança da empresa e precauções de trabalho, fazendo que sejam cumpridas;

- Designar pessoal habilitado, autorizado e com as competências adequadas para as tarefas;

- Manter-se a par das alterações introduzidas nas normas de segurança do trabalho e transmiti-las aos seus colaboradores, bem como fornecer a CAT em casos de acidente;

- Proibir a entrada de menores e aprendizes em subestações ou áreas de risco; e

- Estudar as possíveis causas de acidentes e fazer cumprir as medidas de forma a evitar novas ocorrências.

SUPERVISORES/ENCARREGADOS

- Garantir que todos os colaboradores envolvidos estejam cientes e seguindo os passos deste procedimento;

- Instruir e cobrar os colaboradores com relação às normas de segurança, advertindo-os sob sua responsabilidade quando deixarem de cumprir tais normas;

- Verificar a utilização de equipamentos de sinalização, EPIs, EPCs e roupas adequadas, sem adornos, antes da execução dos serviços, orientando sobre o serviço a ser feito, tirando dúvidas e conservando o local de trabalho organizado e limpo;

- Distribuir as tarefas conforme estejam capacitados e de acordo com habilitação e autorização de cada um;

- Zelar pela conservação do ferramental e equipamentos de proteção, proibindo a utilização dos que apresentem defeitos e providenciando os Primeiros Socorros em caso de acidentes, cooperando com a CIPA e seguindo as orientações da empresa; e

Logotipo da empresa	PROCEDIMENTO DE TRABALHO	Elaborado por: Vagner Lobosco	
		Data:	Pág.: 5 de 10
	Título: Desenergização e Reenergização de Disjuntor BT	Revisão: 0	

- Verificar se todos os procedimentos estão disponíveis aos colaboradores e sendo seguidos corretamente, assinados pelos responsáveis e acompanhados pelas Ordens de Serviço (OS).

RESPONSÁVEL PELO PRONTUÁRIO DAS INSTALAÇÕES ELÉTRICAS (PIE)

- Garantir o cumprimento desta instrução nas áreas de sua responsabilidade reciclando a equipe quanto aos procedimentos existentes e armazenar as documentações geradas pelo serviço e executado.

BRIGADA DE EMERGÊNCIA

- Garantir que os colaboradores não envolvidos na atividade estejam numa distância segura e estar preparados para quaisquer emergências.

SESMT (SEGURANÇA DO TRABALHO)

Fazer cumprir esta instrução, identificar e avaliar os locais com atividades envolvendo eletricidade, identificar e implementar melhorias.

Prover direção e assistência para treinamento inicial e/ou reciclagem para todos os colaboradores que poderiam estar envolvidos em trabalho com eletricidade.

Avaliar, selecionar e aprovar EPIs e EPCs, além de treinar os colaboradores quanto ao correto uso dos mesmos para trabalhos em eletricidade.

Analisar e autorizar a utilização dos documentos "Permissão de Trabalho" — PT e "Análise Preliminar de Risco" — APR (quando aplicável), auxiliando no desenvolvimento e atualização dos mesmos.

6 — DISPOSIÇÕES GERAIS

Planejar previamente, programar, indicar todas as situações de risco e formas de controle, por meio de procedimentos específicos,

Logotipo da empresa	PROCEDIMENTO DE TRABALHO	Elaborado por: Vagner Lobosco	
		Data:	Pág.: 6 de 10
	Título: Desenergização e Reenergização de Disjuntor BT	Revisão: 0	

padronizados, com descrição detalhada de cada tarefa, passo a passo, e que seja passível de revisões, assinado pelo responsável da liberação do serviço;

Ser realizado por trabalhadores habilitados e autorizados;

Verificar sempre as condições de uso dos EPC, EPI e ferramental a ser utilizado para a atividade programada, checando a validade dos selos dos testes de isolação e quando de avarias e anormalidades devem ser substituídos imediatamente;

Realizar sinalização adequada e o isolamento da área garantindo a segurança das pessoas indiretamente expostas e dos demais executantes da tarefa;

Durante toda execução do serviço, os colaboradores deverão evitar distrações e conversas sobre outros assuntos que não o serviço em foco, visando manter adequada concentração nas atividades, tornando o trabalho mais seguro para todos, e lembrar que a vestimenta de segurança também faz parte dos EPIs a serem utilizados.

7 — DESCRIÇÃO DETALHADA DA OPERAÇÃO (PASSO A PASSO) COM MEDIDAS DE CONTROLE

Preparativos para iniciar

- Verificar o preenchimento e as assinaturas da Ordem de Serviço, bem como se há cópias dos Procedimentos necessários ao serviço previsto e se todos tem conhecimento destes;

- Isolar a área que sofrerá manutenção utilizando o material adequado citado no procedimento de isolamento de área; e

- Conhecer os riscos e verificar como controlá-los por meio dos procedimentos, além de comunicar ao pessoal envolvido da manutenção que o serviço será realizado e ao setor de trabalho que a máquina ou equipamento será desligado e bloqueado, além do tempo previsto à tarefa solicitada.

Desenergização do Disjuntor BT

- Retirar toda a carga do circuito a ser manobrado;

	PROCEDIMENTO DE TRABALHO	Elaborado por: Vagner Lobosco	
Logotipo da empresa		Data:	Pág.: 7 de 10
	Título: Desenergização e Reenergização de Disjuntor BT	Revisão: 0	

- Interromper a alimentação de energia por meio de seccionamento, local ou remoto, no dispositivo alimentador (disjuntor ou seccionadora) do equipamento ou circuito em questão;

- Utilizar as técnicas de bloqueio e etiquetagem (*Lockout* e *Tagout*) garantindo o impedimento da reenergização;

- Testar o detector de tensão e, caso esteja em ordem e seja do nível de tensão adequado ao trabalho, verificar a ausência de tensão em todos os condutores das fases, entre as fases e entre fase-terra;

- Utilizar o conjunto de aterramento temporário caso necessário (verificar procedimento específico);

- Caso hajam elementos energizados na zona controlada (conf. NR-10, Anexo II) tomar as devidas precauções, tais como, distância, isolamento com barreiras ou materiais isolantes etc.; e

- Realizar a sinalização adequada no Disjuntor BT em foco, de maneira a deixar claro os motivos de sua desenergização.

IMPORTANTE: As medidas constantes apresentadas acima, podem ser alteradas, substituídas, ampliadas ou eliminadas, em função das peculiaridades de cada situação, por profissional legalmente habilitado, autorizado e mediante justificativa técnica previamente formalizada, desde que seja mantido o mesmo nível de segurança originalmente preconizado.

A partir da realização do item anterior, todos deverão considerar o equipamento em retorno à operação normal, sendo proibido o retorno da intervenção neste equipamento, sem que se cumpra a rotina de impedimento, desde o início, novamente, bem como uma nova Ordem de Serviço deverá ser emitida com a nova situação de data e hora.

8 — APÓS A CONCLUSÃO DOS SERVIÇOS

Reenergização do Disjuntor BT

- Antes de retirar as ferramentas e equipamentos, verificar com o responsável pela tarefa a autorização para

	PROCEDIMENTO DE TRABALHO	Elaborado por: Vagner Lobosco	
Logotipo da empresa		Data:	Pág.: 8 de 10
	Título: Desenergização e Reenergização de Disjuntor BT		Revisão: 0

isso, e só então retirar utensílios e materiais da área de trabalho, zelando pela limpeza e organização;

- Conferir a retirada da equipe executante da área a ser liberada, inclusive de colaboradores não envolvidos no processo de reenergização;

- Remover a sinalização, o aterramento temporário, a equipotencialização, as proteções adicionais e quaisquer ferramentas e utensílios utilizados;

- O encarregado da tarefa deve verificar a organização e limpeza da área, autorizando a finalização da tarefa, o desbloqueio dos dispositivos de comando e a liberação do(s) equipamento(s) para reenergização utilizando o procedimento específico de bloqueio e etiquetagem (*Lockout* e *Tagout*);

- Verificar os circuitos e efetuar as medições necessárias para garantir que tudo esteja em perfeito funcionamento;

- Verificar a continuidade entre fases e fase-terra, caso haja, verificar os pontos que devem ser desconectados para garantir que as cargas estejam com seus circuitos abertos;

- Reenergizar o Disjunto BT em foco, garantindo a condição de funcionamento dos circuitos ou equipamentos por ele alimentados;

- Concluir a Ordem de Serviço, preenchendo a mesma e assinando de acordo com o procedimento; e

- Devolver a Ordem de Serviço para o Departamento de Segurança do Trabalho.

9 — RECOMENDAÇÕES DE PROTEÇÃO INDIVIDUAL

- Calçado de segurança tipo botina com biqueira não metálica;

- Vestimenta de segurança;

- Óculos e luvas;

- Protetor auricular;

- Capacete com protetor auricular.

Logotipo da empresa	**PROCEDIMENTO DE TRABALHO**	Elaborado por: Vagner Lobosco	
		Data:	Pág.: 9 de 10
	Título: Desenergização e Reenergização de Disjuntor BT	Revisão: 0	

10 — RECOMENDAÇÕES DE PROTEÇÃO COLETIVA

- Cone de sinalização;
- Fita zebrada;
- Dispositivos para *Lockout* e *Tagout*.

11 — ORIENTAÇÕES FINAIS

Efetuar a desenergização das instalações onde está ocorrendo a manutenção ou o reparo por meio do seccionamento de chaves/disjuntores/contatores ou retirada dos fusíveis das chaves, verificar a condição de ausência de tensão por meio de detector de tensão, amperímetro alicate e/ou multímetros;

Efetuar o impedimento de reenergização por meio de bloqueadores, travando chaves, disjuntores, contatores e painéis, evitando danos causados por energização inesperada e instalar etiqueta junto ao bloqueador;

Instalar de modo adequado o aterramento móvel padronizado no circuito que se deseja trabalhar evitando, assim, descarga de energia armazenada durante processo dos equipamentos; e

Antes de liberar o pessoal para o trabalho, deve-se acionar o botão de comando do equipamento em atividade de bloqueio para confirmar sua inatividade, e, só então liberar para execução dos trabalhos.

Após a conclusão dos trabalhos, os seguintes cuidados deverão ser atendidos:

Solicitar e confirmar a remoção de todas as ferramentas, dispositivos, componentes e resíduos consequentes dos serviços e retirada de todos os colaboradores não envolvidos no processo de reenergização;

Examinar a área e equipamento a ser restabelecido a fim de certificar que não existe nada impedindo seu restabelecimento, inclusive os conjuntos de aterramento elétricos, travamento mecânico e ferramentas; e

Avisar todas as pessoas envolvidas neste trabalho que os dispositivos de bloqueio e as etiquetas serão retirados.

Logotipo da empresa	**PROCEDIMENTO DE TRABALHO**	Elaborado por: Vagner Lobosco	
		Data:	Pág.: 10 de 10
	Título: Desenergização e Reenergização de Disjuntor BT	Revisão: **0**	

12 — APROVAÇÃO

Profissional Legalmente Habilitado:		Responsável pela Execução:	
Função:		Função:	
CREA:		Crachá:	
Data:	Ass.:	Data:	Ass.:

13 — OBSERVAÇÕES

Os EPIs e EPCs listados são apenas exemplos, pois cada atividade deve ser analisada e considerar os EPIs adequados a cada atividade, bem como os EPCs, que não apresentam CA (Certificado de Aprovação) junto ao Ministério do Trabalho também devem ser escolhidos conforme o tipo e o alcance de cada atividade.

Para a efetiva implementação deste procedimento deverá ser realizado um treinamento com todos os envolvidos e uma verificação por parte dos coordenadores da efetiva utilização dos itens do procedimento.

14 — EQUIPE ENVOLVIDA

01 — Nome:	RG:
02 — Nome:	RG:
03 — Nome:	RG:
04 — Nome:	RG:
05 — Nome:	RG:
06 — Nome:	RG:
07 — Nome:	RG:
08 — Nome:	RG:
09 — Nome:	RG:
10 — Nome:	RG:
11 — Nome:	RG:
12 — Nome:	RG:
13 — Nome:	RG:
14 — Nome:	RG:
15 — Nome:	RG:
16 — Nome:	RG:
17 — Nome:	RG:
18 — Nome:	RG:
19 — Nome:	RG:
20 — Nome:	RG:

Logotipo da empresa	PROCEDIMENTO DE TRABALHO	Elaborado por: Servidone	
		Data:	Pág.: 1 de 11
	Título: Inspeção de Cabines Elétricas	Revisão: 0	

Inspeção de Cabines Elétricas

1 — OBJETIVO: Este procedimento tem como objetivo definir procedimento para trabalho para inspeção em cabines elétricas visando as boas práticas de manutenção e a segurança de trabalhos em equipamentos elétricos.

2 — CAMPO DE APLICAÇÃO: Utilização em todo serviço de manutenção e inspeção de motores elétricos de Corrente Alternada e Corrente Contínua.

3 — BASE TÉCNICA

Norma Regulamentadora 06 — Equipamentos de Proteção Individual — EPI.

Norma Regulamentadora 10 — Segurança em instalações e serviços em eletricidade.

NBR 5410 — Instalações elétricas em baixa tensão.

NBR 14039 — Instalações elétricas de média tensão de 1,0 kV a 36,2 kV.

NBR 16384 — Segurança em Eletricidade.

NBR 15751 — Sistemas de aterramento de subestações — Requisitos.

NBR IEC 62271-102 — Equipamentos de alta-tensão — Seccionadores e chaves de aterramento.

4 — COMPETÊNCIAS

Item 10.13.4   Cabe aos trabalhadores:

a) Zelar pela sua segurança e saúde e a de outras pessoas que possam ser afetadas por suas ações ou omissões no trabalho;

	PROCEDIMENTO DE TRABALHO	Elaborado por: Servidone	
Logotipo da empresa		Data:	Pág.: 2 de 11
	Título: Inspeção de Cabines Elétricas	Revisão: 0	

b) Responsabilizar-se junto a empresa pelo cumprimento das disposições legais e regulamentares, inclusive quanto aos procedimentos internos de segurança e saúde; e

c) Comunicar, de imediato, ao responsável pela execução do serviço as situações que considerar de risco para sua segurança e saúde e a de outras pessoas.

O colaborador deverá ser o profissional que presta serviço na empresa e que pertence ou ao efetivo de funcionários ou a uma empresa contratada para realizar serviços de seu interesse no interior de sua instalação industrial, sob forma de terceirização de serviços.

Independente da forma de contratação, o colaborador deverá ter seus certificados em dia, além da autorização fornecida pela empresa, inclusive com distinção entre suas experiências de forma a ficar claro quem é o responsável pela equipe.

5 — RESPONSABILIDADES

Item 10.13.2 É de responsabilidade dos contratantes manter os trabalhadores informados sobre os riscos a que estão expostos, instruindo-os quanto aos procedimentos e medidas de controle contra os riscos elétricos a serem adotados.

Item 10.13.3 Cabe à empresa, na ocorrência de acidentes de trabalho envolvendo instalações e serviços em eletricidade, propor e adotar medidas preventivas e corretivas.

GERAL

Não é permitido operar nenhuma chave ou disjuntor elétrico sempre que este se encontrar bloqueado, sendo que a remoção do **Bloqueador** ou **Etiqueta** só poderá ser realizada pelo funcionário que os aplicou.

EXECUTANTE

- Seguir todas as instruções adquiridas no treinamento quanto ao uso de EPIs e EPCs;

	PROCEDIMENTO DE TRABALHO	Elaborado por: Servidone	
Logotipo da empresa		Data:	Pág.: 3 de 11
	Título: Inspeção de Cabines Elétricas	Revisão: 0	

- Seguir normas, procedimentos e instruções relacionados à segurança conforme orientação recebida em treinamento;

- Comunicar aos responsáveis as situações de risco para sua segurança e saúde ou de terceiros, que sejam do seu conhecimento;

- Conhecer os riscos e as medidas de prevenção que possam encontrar durante a atividade;

- Cumprir integralmente o disposto neste procedimento;

- Retirar somente seu bloqueio (suporte de cadeado de segurança/etiqueta) quando sua parte no trabalho estiver completa;

- Notificar ao supervisor ou chefia toda e qualquer ausência do local de trabalho, não importando o motivo;

- O operador nunca deve emprestar seu cartão pessoal e seu cadeado para outro funcionário;

- Participar da restauração de energia nas máquinas e equipamentos às operações normais de produção;

- Comunicar ao superior qualquer risco ou perigo de acidente, alertando também aos companheiros, para que sejam tomadas as devidas precauções, por mais insignificante que pareça a situação;

- Seguir à risca todas as normas de segurança, acompanhando os procedimentos, utilizando os EPIs e EPCs necessários, não brincando em serviço, nem ingerindo bebidas alcoólicas ou portando armas, não usar adornos ou aparelhos sonoros; e

- Utilizar o direito de recusa em caso de algum trabalho oferecer um risco que não esteja com as medidas de proteção corretas e possa acarretar um acidente, conforme item 1.4.3 da NR-01.

GERENTES

- Certificar com treinamentos e reuniões de boas-vindas e periódicas a todos os colaboradores sobre as normas

Logotipo da empresa	**PROCEDIMENTO DE TRABALHO**	Elaborado por: Servidone	
		Data:	Pág.: 4 de 11
	Título: Inspeção de Cabines Elétricas	Revisão: **0**	

de segurança da empresa e precauções de trabalho, fazendo que sejam cumpridas;

- Designar pessoal habilitado, autorizado e com as competências adequadas para as tarefas;
- Manter-se a par das alterações introduzidas nas normas de Higiene e de Segurança do Trabalho e transmiti-las aos seus colaboradores, bem como fornecer a CAT em casos de acidente;
- Proibir a entrada de menores e aprendizes em subestações ou áreas de risco; e
- Investigar as possíveis causas de acidentes e fazer cumprir as medidas que possam evitar sua repetição.

SUPERVISORES E ENCARREGADOS

- Garantir que todos os colaboradores envolvidos estejam cientes e seguindo, no mínimo, as recomendações deste procedimento;
- Instruir e cobrar os colaboradores com relação às normas de Higiene e de Segurança do Trabalho, advertindo-os sob sua responsabilidade quando deixarem de cumprir tais normas;
- Verificar a utilização de equipamentos de sinalização, EPIs, EPCs e roupas adequadas, sem adornos, antes da execução dos serviços, orientando sobre o serviço a ser feito, tirando dúvidas e conservando o local de trabalho organizado e limpo;
- Distribuir as tarefas conforme estejam capacitados e de acordo com habilitação e autorização de cada um;
- Zelar pela conservação do ferramental e equipamentos de proteção, proibindo a utilização dos que apresentem defeitos e providenciando os Primeiros Socorros em caso de acidentes, cooperando com a CIPA e seguindo as orientações da empresa; e
- Verificar se todos os procedimentos estão disponíveis aos colaboradores e sendo seguidos corretamente, assinados pelos responsáveis e acompanhados pelas Ordens de Serviço (OS).

Logotipo da empresa	PROCEDIMENTO DE TRABALHO	Elaborado por: Servidone	
		Data:	Pág.: 5 de 11
	Título: Inspeção de Cabines Elétricas	Revisão: 0	

RESPONSÁVEL PELO PRONTUÁRIO DAS INSTALAÇÕES ELÉTRICAS (PIE)

Garantir o cumprimento desta instrução nas áreas de sua responsabilidade reciclando a equipe quanto aos procedimentos existentes.

BRIGADA DE EMERGÊNCIA

Retirar os executantes de atividade envolvendo eletricidade em situação de emergência e prestar-lhes os primeiros-socorros.

SESMT (SEGURANÇA DO TRABALHO)

Fazer cumprir esta instrução, identificar e avaliar os locais com atividades envolvendo eletricidade, identificar e implementar melhorias;

Prover direção e assistência para treinamento inicial e/ou reciclagem para todos os colaboradores que poderiam estar envolvidos em trabalho com eletricidade;

Treinar os colaboradores quanto ao correto uso dos EPIs e EPCs. Avaliar, selecionar e aprovar equipamento de proteção para trabalhos em eletricidade; e

Analisar e liberar a "Permissão de Trabalho" — PT, e análise de risco (quando aplicável), autorizando o início dos trabalhos.

6 — DISPOSIÇÕES GERAIS

Planejar previamente, programar, indicar todas as situações de risco e formas de controle, por meio de procedimentos específicos, padronizados, com descrição detalhada de cada tarefa, passo a passo, e que seja passível de revisões, assinado pelo responsável da liberação do serviço;

Ser realizado por trabalhadores habilitados e autorizados;

Verificar **SEMPRE** se as condições de uso dos EPC, EPI e ferramental a serem utilizados para a atividade programada atendem o mínimo necessário, ou seja, se os selos dos testes de isolação estão devidamente fixados no instrumento e dentro da validade, bem como se há avarias e anormalidades no instrumento. Caso

Logotipo da empresa	PROCEDIMENTO DE TRABALHO	Elaborado por: Servidone	
		Data:	Pág.: 6 de 11
	Título: Inspeção de Cabines Elétricas	Revisão: 0	

positivo, os itens em desacordo devem ser substituídos imediatamente;

Realizar a sinalização adequada e o isolamento da área garantindo a segurança das pessoas indiretamente expostas e dos demais executantes da tarefa;

Durante toda a execução do serviço, os colaboradores deverão evitar distrações e conversas sobre outros assuntos que não o serviço em foco, visando manter adequada concentração nas atividades, tornando o trabalho mais seguro para todos; e

Lembrar-se que a vestimenta de segurança também faz parte dos EPIs a serem avaliados.

7 — DESCRIÇÃO DETALHADA DA OPERAÇÃO (PASSO A PASSO)

INSTRUÇÕES GERAIS

PASSO 1

Analisar previamente o perigo/risco relativo ao tipo de atividade que será executada na instalação elétrica, proceder conforme as ações preventivas/medidas de controle.

PASSO 2

Isolar a área onde o trabalho será executado, sinalizando a área para restrição de acesso aos profissionais autorizados.

Sugere-se o uso dos EPCs descritos no item 10.

PASSO 3

Sugere-se o uso dos EPIs conforme descrito no item 9.

Os EPIs devem possuir laudo de teste ou Certificado de Aprovação (CA), bem como estar em bom estado de conservação.

Logotipo da empresa	PROCEDIMENTO DE TRABALHO	Elaborado por: Servidone	
		Data:	Pág.: 7 de 11
	Título: Inspeção de Cabines Elétricas	Revisão: 0	

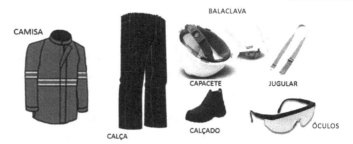

PASSO 4

Antes do início das atividades é necessário a verificação das condições de luminosidade e climáticas (caso aplicável) do local.

Caso a luminosidade não seja satisfatória providenciar iluminação adequada para a execução dos serviços.

Em área aberta, verificar as condições climáticas, tais como: chuva torrencial; granizo e/ou ventos fortes; como critério para execução do serviço.

PASSO 5

Para executar a inspeção visual das instalações elétricas energizadas na cabine elétrica de média tensão, proceder as seguintes verificações:

- A documentação pertencente à cabine elétrica está completa?
- O estado geral da documentação está em boas condições de uso e interpretação?
- Ocorreram alterações nas instalações? Se sim, está evidenciado em documentação de projeto?
- A documentação foi atualizada junto ao responsável técnico pelo prontuário das instalações elétricas? As portas e fechaduras de acesso à sala elétrica e subestação estão em boas condições?
- Há Barras anti-pânico das portas de acesso e emergência? Estão em boas condições?
- Há anomalias nos sistemas de alarmes?
- Há presença de fumaça ou odor de queimado?

	PROCEDIMENTO DE TRABALHO	Elaborado por: Servidone	
Logotipo da empresa		Data:	Pág.: 8 de 11
	Título: Inspeção de Cabines Elétricas	Revisão: 0	

- Há presença de ruídos característicos de defeito ou falha?
- Há presença de defeitos nos displays das interfaces Homem/Máquina (IHM)?
- Há presença de lixo, resíduos, estilhaços ou centelhas?
- Há objetos guardados indevidamente na sala elétrica ou Subestação?
- Há goteiras e/ou o aparecimento de trincas nas paredes?
- Há animais e/ou corpos estranhos dentro da sala elétrica?
- A temperatura ambiente está dentro dos limites aceitáveis?
- O painel encontra-se livre e desobstruído?

PASSO 6

Ao finalizar o serviço, verificar se as condições iniciais das instalações elétricas estão mantidas.

PASSO 7

Fechar a sala elétrica ou subestação, de modo a restabelecer o acesso somente ao pessoal autorizado.

8 — MEDIDAS DE CONTROLE

a) Efetuar a desenergização das instalações onde está ocorrendo a manutenção ou o reparo por meio do seccionamento de chaves/disjuntores/contatores ou retirada dos fusíveis das chaves, verificar a condição de ausência de tensão por meio de detector de tensão, amperímetro alicate e/ou multímetros;

b) Efetuar o impedimento de reenergização por meio de bloqueadores, travando chaves, disjuntores, contatores e painéis, evitando danos causados por energização inesperada e instalar etiqueta junto ao bloqueador;

c) Instalar de modo adequado o aterramento móvel padronizado no circuito que se deseja trabalhar, evitando, assim, descarga de energia armazenada durante processo dos equipamentos;

	PROCEDIMENTO DE TRABALHO	Elaborado por: Servidone	
Logotipo da empresa		Data:	Pág.: 9 de 11
	Título: Inspeção de Cabines Elétricas	Revisão: 0	

d) Antes de liberar o pessoal para o trabalho, deve-se acionar o botão de comando do equipamento em atividade de bloqueio para confirmar sua inatividade, e, só então liberar para execução dos trabalhos; e

e) Após a conclusão dos trabalhos, os seguintes cuidados deverão ser atendidos:

— Solicitar e confirmar a remoção de todas as ferramentas, dispositivos, componentes e resíduos consequentes dos serviços e retirada de todos os colaboradores não envolvidos no processo de reenergização;

— Examinar a área e equipamento a ser restabelecido a fim de certificar que não existe nada impedindo seu restabelecimento, inclusive os conjuntos de aterramento elétricos, travamento mecânico e ferramentas; e

— Avisar todas as pessoas envolvidas neste trabalho que os dispositivos de bloqueio serão retiradas.

*** A partir da realização do item acima: todos deverão considerar o equipamento em retorno à operação normal, sendo proibido o retorno da intervenção neste equipamento, sem que se cumpra a rotina de impedimento, desde o início, novamente, bem como uma nova Ordem de Serviço deverá ser emitida com a nova situação de data e hora.

9 — RECOMENDAÇÕES DE PROTEÇÃO INDIVIDUAL

- Calçado de segurança tipo botina com biqueira composite;
- Conjunto Camisa e Calça anti-chama categoria;*
- Capuz de Segurança tipo Balaclava Risco;*
- Protetor Facial com viseira Risco;*
- Luva Isolante Classe;* e
- Luva de Cobertura para proteção de Luva Isolante com fecho de regulagem.

* A Categoria do EPI deverá respeitar a energia incidente do painel.

Logotipo da empresa	PROCEDIMENTO DE TRABALHO	Elaborado por: Servidone	
		Data:	Pág.: 10 de 11
	Título: Inspeção de Cabines Elétricas	Revisão: 0	

10 — RECOMENDAÇÕES DE PROTEÇÃO COLETIVA

- Cone de Sinalização;

- Fita Zebrada;

- Placa de Sinalização;

- Estrado (Tapete) de borracha Isolante para a classe de tensão da sala elétrica;

- Conjunto de aterramento temporário para a classe de tensão da sala elétrica;

- Elemento superior para Vara de Manobra em Fibra de Vidro ø 38mm — 1,25 metros; e

- Detector de Tensão para a classe de tensão da sala elétrica.

11 — ORIENTAÇÕES FINAIS

Para a efetiva implementação deste procedimento deverá ser realizado um treinamento com todos os envolvidos e uma verificação por parte dos coordenadores da efetiva utilização dos itens do procedimento.

12 — APROVAÇÃO

Profissional Legalmente Habilitado:	
Função:	
CREA:	
Data:	Ass.

13 — OBSERVAÇÕES

Os EPIs e EPCs listados são apenas exemplos, pois cada atividade deve ser analisada e considerar os EPIs adequados a cada atividade, bem como os EPCs, que não apresentam CA (Certificado de Aprovação) junto ao Ministério do Trabalho também devem ser escolhidos conforme o tipo e o alcance de cada atividade.

Logotipo da empresa	PROCEDIMENTO DE TRABALHO	Elaborado por: Servidone	
		Data:	Pág.: 11 de 11
	Título: Inspeção de Cabines Elétricas	Revisão: 0	

14 — EQUIPE ENVOLVIDA

01 — Nome:	RG:
02 — Nome:	RG:
03 — Nome:	RG:
04 — Nome:	RG:
05 — Nome:	RG:
06 — Nome:	RG:
07 — Nome:	RG:
08 — Nome:	RG:
09 — Nome:	RG:
10 — Nome:	RG:
11 — Nome:	RG:
12 — Nome:	RG:
13 — Nome:	RG:
14 — Nome:	RG:
15 — Nome:	RG:
16 — Nome:	RG:
17 — Nome:	RG:
18 — Nome:	RG:
19 — Nome:	RG:
20 — Nome:	RG:

Logotipo da empresa	PROCEDIMENTO DE TRABALHO	Elaborado por: Servidone	
		Data:	Pág.: 1 de 11
	Título: Inspeção de Motores	Revisão: 0	

Inspeção de Motores

1 — OBJETIVO: Este procedimento tem como objetivo definir procedimento para trabalho para substituição de rolamentos em motor elétrico visando as boas práticas de manutenção e a segurança de trabalhos em equipamentos elétricos.

2 — CAMPO DE APLICAÇÃO: Utilização em todo serviço de manutenção e inspeção de motores elétricos de Corrente Alternada e Corrente Contínua.

3 — BASE TÉCNICA

Norma Regulamentadora 06 — Equipamentos de Proteção Individual — EPI.

Norma Regulamentadora 10 — Segurança em instalações e serviços em eletricidade.

NBR 5410 — Instalações elétricas em baixa tensão.

NBR 7094 — Máquinas elétricas girantes — Motores de indução — Especificação.

NBR 16384 — Segurança em Eletricidade.

4 — COMPETÊNCIAS

Item 10.13.4   Cabe aos trabalhadores:

a) Zelar pela sua segurança e saúde e a de outras pessoas que possam ser afetadas por suas ações ou omissões no trabalho;

b) Responsabilizar-se junto a sua empresa e a de terceiros pelo cumprimento das disposições legais e regulamentares, inclusive quanto aos procedimentos internos de segurança e saúde; e

Logotipo da empresa	**PROCEDIMENTO DE TRABALHO**	Elaborado por: Servidone	
		Data:	Pág.: 2 de 11
	Título: Inspeção de Motores	Revisão: 0	

c) Comunicar, de imediato, ao responsável pela execução do serviço as situações que considerar de risco para sua segurança e saúde e a de outras pessoas.

O colaborador deverá ser o profissional que presta serviço na empresa e que pertence ou ao efetivo de funcionários ou a uma empresa contratada para realizar serviços de seu interesse no interior de sua instalação industrial, sob forma de terceirização de serviços.

Independente da forma de contratação, o colaborador deverá ter seus certificados em dia, além da autorização fornecida pela empresa, inclusive com distinção entre suas experiências de forma a ficar claro quem é o responsável pela equipe.

5 — RESPONSABILIDADES

Item 10.13.2 É de responsabilidade dos contratantes manter os trabalhadores informados sobre os riscos a que estão expostos, instruindo-os quanto aos procedimentos e medidas de controle contra os riscos elétricos a serem adotados.

Item 10.13.3 Cabe à empresa, na ocorrência de acidentes de trabalho envolvendo instalações e serviços em eletricidade, propor e adotar medidas preventivas e corretivas.

GERAL

Não é permitido operar nenhuma chave ou disjuntor elétrico sempre que este se encontrar bloqueado, sendo que a remoção do **Bloqueador** ou **Etiqueta** só poderá ser realizada pelo funcionário que os aplicou.

EXECUTANTE

- Seguir todas as instruções adquiridas no treinamento quanto ao uso de EPIs e EPCs;
- Seguir normas, procedimentos e instruções relacionados à segurança conforme orientação recebida em treinamento;

		Elaborado por: Servidone	
Logotipo da empresa	**PROCEDIMENTO DE TRABALHO**	Data:	Pág.: 3 de 11
	Título: Inspeção de Motores	Revisão: **0**	

- Comunicar aos responsáveis as situações de risco para sua segurança e saúde ou de terceiros, que sejam do seu conhecimento;
- Conhecer os riscos e as medidas de prevenção que possam encontrar durante a atividade;
- Cumprir integralmente o disposto neste procedimento;
- Retirar somente seu bloqueio (suporte de cadeado de segurança/etiqueta) quando sua parte no trabalho estiver completa;
- Notificar ao supervisor ou chefia toda e qualquer ausência do local de trabalho, não importando o motivo;
- O operador nunca deve emprestar seu cartão pessoal e seu cadeado para outro funcionário;
- Participar da restauração de energia nas máquinas e equipamentos às operações normais de produção;
- Comunicar ao superior qualquer risco ou perigo de acidente, alertando também aos companheiros, para que sejam tomadas as devidas precauções, por mais insignificante que pareça a situação;
- Seguir à risca todas as normas de segurança, acompanhando os procedimentos, utilizando os EPIs e EPCs necessários, não brincando em serviço, nem ingerindo bebidas alcoólicas ou portando armas, não usar adornos ou aparelhos sonoros; e
- Utilizar o direito de recusa em caso de algum trabalho oferecer um risco que não esteja com as medidas de proteção corretas e possa acarretar um acidente, conforme item 1.4.3 da NR-01.

GERENTES

- Certificar com treinamentos e reuniões de boas-vindas e periódicas a todos os colaboradores sobre as normas de segurança da empresa e precauções de trabalho, fazendo que sejam cumpridas;
- Designar pessoal habilitado, autorizado e com as competências adequadas para as tarefas;

Logotipo da empresa	PROCEDIMENTO DE TRABALHO	Elaborado por: Servidone	
		Data:	Pág.: 4 de 11
	Título: Inspeção de Motores	Revisão: 0	

- Manter-se a par das alterações introduzidas nas normas de segurança do trabalho e transmiti-las aos seus colaboradores, bem como fornecer a CAT em casos de acidente;
- Proibir a entrada de menores e aprendizes em subestações ou áreas de risco; e
- Investigar as possíveis causas de acidentes e fazer cumprir as medidas que possam evitar sua repetição.

SUPERVISORES E ENCARREGADOS

- Garantir que todos os colaboradores envolvidos estejam cientes e seguindo, no mínimo, as recomendações deste procedimento;
- Instruir e cobrar os colaboradores com relação às normas de Higiene e de Segurança do Trabalho, advertindo-os sob sua responsabilidade quando deixarem de cumprir tais normas;
- Verificar a utilização de equipamentos de sinalização, EPIs, EPCs e roupas adequadas, sem adornos, antes da execução dos serviços, orientando sobre o serviço a ser feito, tirando dúvidas e conservando o local de trabalho organizado e limpo;
- Distribuir as tarefas conforme estejam capacitados e de acordo com habilitação e autorização de cada um;
- Zelar pela conservação do ferramental e equipamentos de proteção, proibindo a utilização dos que apresentem defeitos e providenciando os Primeiros Socorros em caso de acidentes, cooperando com a CIPA e seguindo as orientações da empresa; e
- Verificar se todos os procedimentos estão disponíveis aos colaboradores e sendo seguidos corretamente, assinados pelos responsáveis e acompanhados pelas Ordens de Serviço (OS).

RESPONSÁVEL PELO PRONTUÁRIO DAS INSTALAÇÕES ELÉTRICAS (PIE)

Garantir o cumprimento desta instrução nas áreas de sua responsabilidade reciclando a equipe quanto aos procedimentos existentes.

Logotipo da empresa	**PROCEDIMENTO DE TRABALHO**	Elaborado por: Servidone	
		Data:	Pág.: 5 de 11
	Título: Inspeção de Motores	Revisão: **0**	

BRIGADA DE EMERGÊNCIA

Retirar os executantes de atividade envolvendo eletricidade em situação de emergência e prestar-lhes os primeiros- socorros.

SESMT (SEGURANÇA DO TRABALHO)

Fazer cumprir esta instrução, identificar e avaliar os locais com atividades envolvendo eletricidade, identificar e implementar melhorias;

Prover direção e assistência para treinamento inicial e/ou reciclagem para todos os colaboradores que poderiam estar envolvidos em trabalho com eletricidade;

Treinar os colaboradores quanto ao correto uso dos EPIs e EPCs. Avaliar, selecionar e aprovar equipamento de proteção para trabalhos em eletricidade; e

Analisar e liberar a "Permissão de Trabalho" — PT, e análise de risco (quando aplicável), autorizando o início dos trabalhos.

6 – DISPOSIÇÕES GERAIS

Planejar previamente, programar, indicar todas as situações de risco e formas de controle, por meio de procedimentos específicos, padronizados, com descrição detalhada de cada tarefa, passo a passo, e que seja passível de revisões, assinado pelo responsável da liberação do serviço;

Ser realizado por trabalhadores habilitados e autorizados;

Verificar **SEMPRE** se as condições de uso dos EPC, EPI e ferramental a serem utilizados para a atividade programada atendem o mínimo necessário, ou seja, se os selos dos testes de isolação estão devidamente fixados no instrumento e dentro da validade, bem como se há avarias e anormalidades no instrumento. Caso positivo, os itens em desacordo devem ser substituídos imediatamente;

Realizar a sinalização adequada e o isolamento da área garantindo a segurança das pessoas indiretamente expostas e dos demais executantes da tarefa;

Logotipo da empresa	PROCEDIMENTO DE TRABALHO	Elaborado por: Servidone	
		Data:	Pág.: 6 de 11
	Título: Inspeção de Motores	Revisão: 0	

Durante toda a execução do serviço, os colaboradores deverão evitar distrações e conversas sobre outros assuntos que não o serviço em foco, visando manter adequada concentração nas atividades, tornando o trabalho mais seguro para todos; e

Lembrar-se que a vestimenta de segurança também faz parte dos EPIs a serem avaliados.

7 — DESCRIÇÃO DETALHADA DA OPERAÇÃO (PASSO A PASSO)

INSTRUÇÕES GERAIS

PASSO 1

Analisar previamente o perigo/risco relativo ao tipo de atividade que será executada na instalação elétrica, proceder conforme as ações preventivas/medidas de controle.

PASSO 2

Isolar a área onde o trabalho será executado, sinalizando a área para restrição de acesso aos profissionais autorizados.

Sugere-se o uso dos EPCs descritos no item 10.

PASSO 3

Sugere-se o uso dos EPIs conforme descrito no item 9.

Os EPIs Devem possuir laudo de teste ou Certificados de aprovação (CA).

PASSO 4

Identificar o equipamento para realizar a manutenção.

Logotipo da empresa	PROCEDIMENTO DE TRABALHO	Elaborado por: Servidone	
		Data:	Pág.: 7 de 11
	Título: Inspeção de Motores	Revisão: 0	

CASO SEJA INSPEÇÃO SEMANAL

PASSO 1 — ESCOVAS E PORTA-ESCOVAS:

Examinar as escovas quanto ao desgaste, mobilidade o estado dos porta-escovas.

PASSO 2 – COMUTADOR

Verificar o estado e o desgaste do comutador.

CASO SEJA INSPEÇÃO MENSAL

PASSO 1 — ESCOVAS E PORTA-ESCOVAS

- Verificar o comprimento das escovas;
- Quando a marca do limite de desgaste da escova desaparecer, as escovas devem ser substituídas;
- Use escova do mesmo tipo para reposição;
- Verificar se o desgaste é normal e a mobilidade no porta-escovas;
- Escovas lascadas ou quebradas devem ser substituídas;
- Remover algumas escovas e verificar a superfície em contato com o comutador;
- Áreas escuras indicam problemas na comutação;
- Limpar as escovas e os porta-escovas aspirando o pó ou com jato de ar seco.

PASSO 2 — COMUTADOR

- Verificar a formação de pátina, devendo estar com uma coloração levemente enegrecida e brilhante;

Logotipo da empresa	PROCEDIMENTO DE TRABALHO	Elaborado por: Servidone	
		Data:	Pág.: 8 de 11
	Título: Inspeção de Motores	Revisão: 0	

- Sentir a trepidação das escovas com um bastão de fibra colocado sobre a escova;

- Escovas saltando provocam faiscamento, aquecimento e desgaste excessivo do comutador e escovas;

- Neste caso, o comutador deverá ser usinado.

PASSO 3 — ROLAMENTOS/MANCAIS

- Observar se não há vazamentos de graxa nos assentos dos rolamentos;

- Se houver, corrigir antes de por a máquina em atividade;

- Verificar o ruído nos rolamentos;

- Se o rolamento apresentar ruídos progressivos, deve ser substituído na próxima parada;

- Lubrificar, se for necessário.

PASSO 4 — FILTROS DE AR

- Limpá-lo ou trocá-lo conforme recomendações do fabricante.

PASSO 5 — CONJUNTO DO MOTOR

- Verificar os níveis de vibração, valores de até 4,0 mm/seg. são admissíveis;

- Observar se existe algum ruído anormal.

CASO SEJA INSPEÇÃO SEMESTRAL

PASSO 1 — COMUTADOR

Verificar o desgaste da superfície e o seu estado de conservação;

PASSO 2 — ROLAMENTOS/MANCAIS

Verificar o desgaste da superfície e o seu estado de conservação;

Logotipo da empresa	PROCEDIMENTO DE TRABALHO	Elaborado por: Servidone	
		Data:	Pág.: 9 de 11
	Título: Inspeção de Motores	Revisão: 0	

PASSO 3 — ENROLAMENTOS DE CARCAÇA, ARMADURA E ROTORES

Medir a resistência de isolamento, e respeitar os valores segundo tabela abaixo;

Caso necessário, proceder uma limpeza completa no motor.

Temperatura	10 a 20 °C	30 a 40 °C	50 a 60 °C	70 a 80 °C
Resistência de Isolamento	40 Mega Ohm	10 Mega Ohm	4 Mega Ohm	1 Mega Ohm

PASSO 4 — VENTILAÇÃO

- Verificar pressão, vazão, filtros etc.

PASSO 5 — MOTOR COMPLETO

- Verificar todas as ligações elétricas, e reapertar (caso necessário);
- Verificar sinais de mau contato (arcos, descoloração, aquecimento), solucionar se necessário;
- Inspecionar os parafusos do motor com a base e checar todos os parafusos de acoplamento.

8 — MEDIDAS DE CONTROLE

a) Efetuar a desenergização das instalações onde está ocorrendo a manutenção ou o reparo por meio do seccionamento de chaves/disjuntores/contatores ou retirada dos fusíveis das chaves, verificar a condição de ausência de tensão por meio de detector de tensão, amperímetro alicate e/ou multímetros;

b) Efetuar o impedimento de reenergização por meio de bloqueadores, travando chaves, disjuntores, contatores e painéis, evitando danos causados por energização inesperada e instalar etiqueta junto ao bloqueador;

c) Instalar de modo adequado o aterramento móvel padronizado no circuito que se deseja trabalhar, evitando, assim, descarga de energia armazenada durante processo dos equipamentos;

Logotipo da empresa	PROCEDIMENTO DE TRABALHO	Elaborado por: Servidone	
		Data:	Pág.: 10 de 11
	Título: Inspeção de Motores	Revisão: 0	

d) Antes de liberar o pessoal para o trabalho, deve-se acionar o botão de comando do equipamento em atividade de bloqueio para confirmar sua inatividade, e, só então liberar para execução dos trabalhos; e

e) Após a conclusão dos trabalhos, os seguintes cuidados deverão ser atendidos:

— Solicitar e confirmar a remoção de todas as ferramentas, dispositivos, componentes e resíduos consequentes dos serviços e retirada de todos os colaboradores não envolvidos no processo de reenergização;

— Examinar a área e equipamento a ser restabelecido a fim de certificar que não existe nada impedindo seu restabelecimento, inclusive os conjuntos de aterramento elétricos, travamento mecânico e ferramentas; e

— Avisar todas as pessoas envolvidas neste trabalho que os dispositivos de bloqueio e as etiquetas serão retirados.

*** A partir da realização do item acima: todos deverão considerar o equipamento em retorno à operação normal, sendo proibido o retorno da intervenção neste equipamento, sem que se cumpra a rotina de impedimento, desde o início, novamente, bem como uma nova Ordem de Serviço deverá ser emitida com a nova situação de data e hora.

9 — RECOMENDAÇÕES DE PROTEÇÃO INDIVIDUAL

- Calçado de segurança tipo botina com biqueira composite;
- Conjunto Camisa e Calça anti-chama categoria 2; e
- Óculos anti-embaçante.

10 — RECOMENDAÇÕES DE PROTEÇÃO COLETIVA

- Cone de Sinalização;
- Fita Zebrada;
- Placa de Sinalização.

Logotipo da empresa	**PROCEDIMENTO DE TRABALHO**	Elaborado por: Servidone	
		Data:	Pág.: 11 de 11
	Título: Inspeção de Motores	Revisão: **0**	

11 — ORIENTAÇÕES FINAIS

Para a efetiva implementação deste procedimento deverá ser realizado um treinamento com todos os envolvidos e uma verificação por parte dos coordenadores da efetiva utilização dos itens do procedimento.

12 — APROVAÇÃO

Profissional Legalmente Habilitado:	
Função:	
CREA:	
Data:	Ass.:

13 — OBSERVAÇÕES

Os EPIs e EPCs listados são apenas exemplos, pois cada atividade deve ser analisada e considerar os EPIs adequados a cada atividade, bem como os EPCs, que não apresentam CA (Certificado de Aprovação) junto ao Ministério do Trabalho também devem ser escolhidos conforme o tipo e o alcance de cada atividade.

14 — EQUIPE ENVOLVIDA

01 — Nome:	RG:
02 — Nome:	RG:
03 — Nome:	RG:
04 — Nome:	RG:
05 — Nome:	RG:
06 — Nome:	RG:
07 — Nome:	RG:
08 — Nome:	RG:
09 — Nome:	RG:
10 — Nome:	RG:
11 — Nome:	RG:
12 — Nome:	RG:
13 — Nome:	RG:
14 — Nome:	RG:
15 — Nome:	RG:

Logotipo da empresa	PROCEDIMENTO DE TRABALHO	Elaborado por: Vagner Lobosco	
		Data:	Pág.: 1 de 10
	Título: Isolamento e Sinalização de Áreas	Revisão: 0	

Isolamento e Sinalização de Áreas

1 — OBJETIVO: Este procedimento tem como objetivo estabelecer um método seguro para isolamento e sinalização de área para realização de serviços de manutenção elétrica em painéis, quadros, máquinas e equipamentos, visando a segurança em toda e qualquer intervenção nas Instalações Elétricas, sendo executada de forma a realizar a contenção dos riscos de acidentes com eletricidade.

2 — CAMPO DE APLICAÇÃO: Utilização em todo serviço de manutenção e inspeção dos sistemas elétricos, bem como em painéis, quadros, máquinas e equipamentos.

3 — BASE TÉCNICA

Norma Regulamentadora 06 — Equipamento de Proteção Individual — EPI.

Norma Regulamentadora 07 — Programa de Controle Médico de Saúde Ocupacional — PCMSO.

Norma Regulamentadora 10 — Segurança em Instalações e Serviços em Eletricidade.

ABNT NBR 5410 — Instalações Elétricas de Baixa Tensão.

NBR 16384 — Segurança em Eletricidade.

4 — COMPETÊNCIAS

Item 10.13.4   Cabe aos trabalhadores:

a) zelar pela sua segurança e saúde e a de outras pessoas que possam ser afetadas por suas ações ou omissões no trabalho;

Logotipo da empresa	PROCEDIMENTO DE TRABALHO	Elaborado por: Vagner Lobosco	
		Data:	Pág.: 2 de 10
	Título: Isolamento e Sinalização de Áreas	Revisão: 0	

b) responsabilizar-se junto a empresa pelo cumprimento das disposições legais e regulamentares, inclusive quanto aos procedimentos internos de segurança e saúde; e

c) comunicar, de imediato, ao responsável pela execução do serviço as situações que considerar de risco para sua segurança e saúde e a de outras pessoas.

O colaborador deverá ser o profissional que presta serviço na empresa e que pertence ou ao efetivo de funcionários ou a uma empresa contratada para realizar serviços em suas instalações elétricas, sob a forma de terceirização de serviços.

Independente da forma de contratação, o colaborador deverá:

- Possuir seus certificados em dia, bem como suas autorizações fornecidas pela empresa;
- Assinar e armazenar a ordem de serviço de forma a ficar caracterizada a ação e quem é o responsável;
- Permanecer com a sinalização de segurança para identificação de riscos elétricos, prevenindo contato dos colaboradores com os equipamentos ou outros painéis energizados;
- Precaver-se contra a possibilidade de alimentação por outra fonte ou caminho do sistema elétrico;
- Quando em média tensão o trabalho deverá ser efetuado por, no mínimo, dois trabalhadores autorizados e que possuam seus certificados de treinamento no SEP; e
- Este procedimento está ligado diretamente aos gestores dos serviços de manutenção e inspeção elétricas.

5 — RESPONSABILIDADES

Item 10.13.2 É de responsabilidade dos contratantes manter os trabalhadores informados sobre os riscos a que estão expostos, instruindo-os quanto aos procedimentos e medidas de controle contra os riscos elétricos a serem adotados.

	PROCEDIMENTO DE TRABALHO	Elaborado por: Vagner Lobosco	
Logotipo da empresa		Data:	Pág.: 3 de 10
	Título: Isolamento e Sinalização de Áreas	Revisão: 0	

Item 10.13.3 Cabe à empresa, na ocorrência de acidentes de trabalho envolvendo instalações e serviços em eletricidade, propor e adotar medidas preventivas e corretivas.

EQUIPE EXECUTANTE

Não é permitido operar nenhuma chave ou disjuntor elétrico sempre que este se encontrar bloqueado, sendo que a remoção do Bloqueador ou Etiqueta só poderá ser realizada pelo funcionário que os aplicou, com o serviço completo e com autorização do responsável pelo serviço em foco.

Seguir todas as instruções quanto ao uso de EPIs e EPCs, bem como as normas, procedimentos e instruções relacionados à segurança conforme orientação recebida em treinamento.

Conhecer os riscos da atividade, suas medidas de prevenção e discutir as mesmas antes de iniciar os procedimentos.

Cumprir integralmente o disposto neste procedimento:

- Notificar ao supervisor ou chefia toda e qualquer ausência do local de trabalho, não importando o motivo;

- O operador nunca deve emprestar seu cartão pessoal e seu cadeado para outro funcionário;

- Participar da restauração de energia nas máquinas e equipamentos às operações normais de produção;

- Comunicar ao superior qualquer risco ou perigo de acidente, alertando também aos companheiros, para que sejam tomadas as devidas precauções, por mais insignificante que pareça a situação;

- Seguir à risca todas as normas de segurança, acompanhando os procedimentos, utilizando os EPIs e EPCs necessários, não brincando em serviço, nem ingerindo bebidas alcoólicas ou portando armas, não usar adornos ou aparelhos sonoros; e

- Utilizar o direito de recusa em caso de algum trabalho oferecer um risco que não esteja com as medidas de proteção corretas e possa acarretar um acidente, conforme item 1.4.3 da NR-01.

	PROCEDIMENTO DE TRABALHO	Elaborado por: Vagner Lobosco	
Logotipo da empresa		Data:	Pág.: 4 de 10
	Título: Isolamento e Sinalização de Áreas	Revisão: 0	

GERENTES

- Certificar com treinamentos e reuniões de boas-vindas e periódicas a todos os colaboradores sobre as normas de segurança da empresa e precauções de trabalho, fazendo que sejam cumpridas;

- Designar pessoal habilitado, autorizado e com as competências adequadas para as tarefas;

- Manter-se a par das alterações introduzidas nas normas de segurança do trabalho e transmiti-las aos seus colaboradores, bem como fornecer a CAT em casos de acidente;

- Proibir a entrada de menores e aprendizes em subestações ou áreas de risco; e

- Estudar as possíveis causas de acidentes e fazer cumprir as medidas de forma evitar novas ocorrências.

SUPERVISORES/ENCARREGADOS

- Garantir que todos os colaboradores envolvidos estejam cientes e seguindo os passos deste procedimento;

- Instruir e cobrar os colaboradores com relação às normas de segurança, advertindo-os sob sua responsabilidade quando deixarem de cumprir tais normas;

- Verificar a utilização de equipamentos de sinalização, EPIs, EPCs e roupas adequadas, sem adornos, antes da execução dos serviços, orientando sobre o serviço a ser feito, tirando dúvidas e conservando o local de trabalho organizado e limpo;

- Distribuir as tarefas conforme estejam capacitados e de acordo com habilitação e autorização de cada um;

- Zelar pela conservação do ferramental e equipamentos de proteção, proibindo a utilização dos que apresentem defeitos e providenciando os Primeiros Socorros em caso de acidentes, cooperando com a CIPA e seguindo as orientações da empresa; e

- Verificar se todos os procedimentos estão disponíveis aos colaboradores e sendo seguidos corretamente,

Logotipo da empresa	**PROCEDIMENTO DE TRABALHO**	Elaborado por: Vagner Lobosco	
		Data:	Pág.: 5 de 10
	Título: Isolamento e Sinalização de Áreas	Revisão: 0	

assinados pelos responsáveis e acompanhados pelas Ordens de Serviço (OS).

RESPONSÁVEL PELO PRONTUÁRIO DAS INSTALAÇÕES ELÉTRICAS (PIE)

- Garantir o cumprimento desta instrução nas áreas de sua responsabilidade reciclando a equipe quanto aos procedimentos existentes e armazenar as documentações geradas pelo serviço e executado.

BRIGADA DE EMERGÊNCIA

- Garantir que os colaboradores não envolvidos na atividade estejam numa distância segura e estar preparados para quaisquer emergências.

SESMT (SEGURANÇA DO TRABALHO)

Fazer cumprir esta instrução, identificar e avaliar os locais com atividades envolvendo eletricidade, identificar e implementar melhorias.

Prover direção e assistência para treinamento inicial e/ou reciclagem para todos os colaboradores que poderiam estar envolvidos em trabalho com eletricidade.

Avaliar, selecionar e aprovar EPIs e EPCs, além de treinar os colaboradores quanto ao seu correto uso para trabalhos em eletricidade.

Analisar e autorizar a utilização dos documentos "Permissão de Trabalho" — PT e "Análise Preliminar de Risco" — APR (quando aplicável), auxiliando no desenvolvimento e atualização dos mesmos.

6 — DISPOSIÇÕES GERAIS

Planejar previamente, programar, indicar todas as situações de risco e formas de controle, por meio de procedimentos específicos, padronizados, com descrição detalhada de cada tarefa, passo

	PROCEDIMENTO DE TRABALHO	Elaborado por: Vagner Lobosco	
Logotipo da empresa		Data:	Pág.: 6 de 10
	Título: Isolamento e Sinalização de Áreas	Revisão: 0	

a passo, e que seja passível de revisões, assinado pelo responsável da liberação do serviço;

Ser realizado por trabalhadores habilitados e autorizados;

Verificar sempre as condições de uso dos EPC, EPI e ferramental a ser utilizado para a atividade programada, checando a validade dos selos dos testes de isolação e quando de avarias e anormalidades devem ser substituídos imediatamente;

Realizar sinalização adequada e o isolamento da área garantindo a segurança das pessoas indiretamente expostas e dos demais executantes da tarefa;

Durante toda execução do serviço, os colaboradores deverão evitar distrações e conversas sobre outros assuntos que não o serviço em foco, visando manter adequada concentração nas atividades, tornando o trabalho mais seguro para todos, e lembrar que a vestimenta de segurança também faz parte dos EPIs a serem utilizados.

7 — PREPARAÇÃO DAS ATIVIDADES

Preparativos para iniciar

- Verificar o preenchimento e as assinaturas da Ordem de Serviço, bem como se há cópias dos Procedimentos necessários ao serviço previsto e se todos tem conhecimento destes;

- Verificar a situação da área que será isolada quanto à iluminação adequada para os trabalhos, bem como o espaço adequado para movimentação e aplicação de equipamentos e ferramentas a serem utilizadas;

- Planejar a sequência de ações e a quantidade de material e equipamentos a ser utilizada;

- Para serviços em área aberta verificar as condições climáticas, tais como chuva torrencial, granizo e/ou vento forte, como critério para execução do serviço, principalmente quando forem realizados a mais de 2 metros de altura; e

- Avaliar os riscos adicionais e verificar como controlá-los por meio dos procedimentos, além de comunicar

Logotipo da empresa	**PROCEDIMENTO DE TRABALHO**	Elaborado por: Vagner Lobosco	
		Data:	Pág.: 7 de 10
	Título: Isolamento e Sinalização de Áreas	Revisão: **0**	

ao pessoal envolvido da manutenção que o serviço será realizado e ao setor de trabalho que a máquina ou equipamento será desligado e bloqueado, além do tempo previsto à tarefa solicitada.

Isolamento da Área

- Avisar a todos os colaboradores 'afetados' sobre a área a ser isolada e o tempo previsto de execução;

- Isolar a área de modo que o espaço reservado seja suficiente e seguro para alojar, durante a execução dos serviços, os equipamentos, ferramentas, documentos, EPIs e EPCs necessários; e

- Verificar a equipe presente, informando a todos que, para poder ausentar-se será necessário avisar ao responsável pela tarefa e manter a área isolada e sinalizada.

- **Limpeza**: independente do local deve-se proceder primeiramente a uma limpeza das partes internas e externas, utilizando-se aspiradores de pó, pincéis isolados e panos secos e limpos. Nos contatos elétricos, limpe-os utilizando esponja ou solução para limpeza se necessário;

- **Cuidados especiais** devem ser tomados na limpeza de isoladores e partes isolantes, cuja limpeza sempre deve ser feita com panos secos e limpos e somente quando necessário utilizar solução de limpeza apropriada para remoção de sujeiras mais difíceis.

8 — DESCRIÇÃO DETALHADA DA OPERAÇÃO (PASSO A PASSO) COM MEDIDAS DE CONTROLE

- Importante respeitar as distâncias que delimitam as áreas definidas como : zona livre (ZL), zona controlada (ZC), zona de risco (ZR) e ponto de instalação energizada (PE), conforme Anexo II da NR-10;

- Consultar o estudo de ARC FLASH para determinar classe de risco da instalação, verificando a compatibilidade da vestimenta utilizada.

Logotipo da empresa	PROCEDIMENTO DE TRABALHO	Elaborado por: Vagner Lobosco	
		Data:	Pág.: 8 de 10
	Título: Isolamento e Sinalização de Áreas	Revisão: 0	

Faixa de tensão Nominal da instalação elétrica em kV	Rr – Raio de delimitação entre zona de risco e controlada em metros	Rc – Raio de delimitação entre zona controlada e livre em metros
<1	0,20	0,70
≥1 e <3	0,22	1,22
≥3 e <6	0,25	1,25
≥6 e <10	0,35	1,35
≥10 e <15	0,38	1,38
≥15 e <20	0,40	1,40

Figuras orientativas conforme Anexo II da NR-10.

- Delimitar a área da instalação elétrica onde será realizado o trabalho, sinalizando a área para restrição de acesso aos colaboradores não autorizados e que não estejam envolvidos com a atividade.

- A figura da esquerda mostra uma possibilidade de isolamento de área, como também poderia ser feita utilizando-se fita zebrada, enquanto a figura da direita mostra painéis que já possuem um tipo de barreira para seu isolamento, porém precise ser retirada para possibilitar a execução da tarefa.

- Ao iniciar o procedimento é obrigatório o uso total dos EPIs, tais como : Roupa anti-chama, classe conforme estudo de energia incidente/Luvas, classe conforme estudo de energia incidente/Óculos de lente com proteção/Capacete com jugular/Balaclava/Sapato de Segurança para Eletricista/Luva Isolante de Borracha.

Logotipo da empresa	PROCEDIMENTO DE TRABALHO	Elaborado por: Vagner Lobosco	
		Data:	Pág.: 9 de 10
	Título: Isolamento e Sinalização de Áreas	Revisão: 0	

9 — RECOMENDAÇÕES DE PROTEÇÃO INDIVIDUAL

Conforme sugerido no item anterior, porém com a necessária avaliação do SESMT para liberação do seu uso.

10 — RECOMENDAÇÕES DE PROTEÇÃO COLETIVA

- Cone de sinalização;
- Fita zebrada;
- Placas de Advertência.

11 — ORIENTAÇÕES FINAIS

Após a conclusão dos trabalhos, os seguintes cuidados deverão ser atendidos:

Solicitar e confirmar a remoção de todas as ferramentas, dispositivos, componentes e resíduos consequentes dos serviços e retirada de todos os colaboradores não envolvidos no processo de reenergização;

Examinar a área e equipamento a ser restabelecido a fim de certificar que não existe nada impedindo seu restabelecimento, inclusive os conjuntos de aterramento elétricos, travamento mecânico e ferramentas; e

Avisar todas as pessoas envolvidas neste trabalho que os dispositivos de bloqueio e as etiquetas serão retirados.

Caso seja verificada alguma condição de risco, isolar, sinalizar a área e comunicar de imediato ao coordenador de manutenção elétrica responsável pelo serviço.

Ao finalizar o serviço, verificar se as condições iniciais das instalações elétricas estão mantidas e que o painel, quadro ou equipamento está devidamente fechado e protegido contra contatos acidentais em sua área energizada.

Logotipo da empresa	PROCEDIMENTO DE TRABALHO	Elaborado por: Vagner Lobosco	
		Data:	Pág.: 10 de 10
	Título: Isolamento e Sinalização de Áreas	Revisão: 0	

A partir da realização do item anterior, todos deverão considerar o equipamento em retorno à operação normal, sendo proibido o retorno da intervenção neste equipamento, sem que se cumpra a rotina de impedimento, desde o início, novamente, bem como uma nova Ordem de Serviço deverá ser emitida com a nova situação de data e hora.

12 — APROVAÇÃO

Profissional Legalmente Habilitado:		Responsável pela Execução:	
Função:		Função:	
CREA:		Crachá:	
Data:	Ass.:	Data:	Ass.:

13 — OBSERVAÇÕES

Os EPIs e EPCs listados são apenas exemplos, pois cada atividade deve ser analisada e considerar os EPIs adequados a cada atividade, bem como os EPCs, que não apresentam CA (Certificado de Aprovação) junto ao Ministério do Trabalho também devem ser escolhidos conforme o tipo e o alcance de cada atividade.

Para a efetiva implementação deste procedimento deverá ser realizado um treinamento com todos os envolvidos e uma verificação por parte dos coordenadores da efetiva utilização dos itens do procedimento.

14 — EQUIPE ENVOLVIDA

01 — Nome:	RG:
02 — Nome:	RG:
03 — Nome:	RG:
04 — Nome:	RG:
05 — Nome:	RG:
06 — Nome:	RG:
07 — Nome:	RG:
08 — Nome:	RG:
09 — Nome:	RG:
10 — Nome:	RG:

Logotipo da empresa	PROCEDIMENTO DE TRABALHO	Elaborado por: Servidone	
		Data:	Pág.: 1 de 11
	Título: Atendimento ao Acidentado com Eletricidade	Revisão: 0	

Atendimento ao Acidentado com Eletricidade

1 — OBJETIVO: Este procedimento tem como objetivo definir procedimento para prestar primeiro atendimento à vítimas de acidentes com eletricidade.

2 — CAMPO DE APLICAÇÃO: Utilização para atendimento ao acidentado com eletricidade.

3 — BASE TÉCNICA

Norma Regulamentadora 06 — Equipamentos de Proteção Individual — EPI.

Norma Regulamentadora 10 — Segurança em instalações e serviços em eletricidade.

Manual de Primeiros Socorros — Ministério da Saúde — 2003.

NBR 16384 — Segurança em Eletricidade.

4 — COMPETÊNCIAS

Item 10.13.4   Cabe aos trabalhadores:

a) Zelar pela sua segurança e saúde e a de outras pessoas que possam ser afetadas por suas ações ou omissões no trabalho;

b) Responsabilizar-se junto a sua empresa e a de terceiros pelo cumprimento das disposições legais e regulamentares, inclusive quanto aos procedimentos internos de segurança e saúde; e

	PROCEDIMENTO DE TRABALHO	Elaborado por: Servidone	
Logotipo da empresa		Data:	Pág.: 2 de 11
	Título: Atendimento ao Acidentado com Eletricidade	Revisão: 0	

c) Comunicar, de imediato, ao responsável pela execução do serviço as situações que considerar de risco para sua segurança e saúde e a de outras pessoas.

O colaborador deverá ser o profissional que presta serviço na empresa e que pertence ou ao efetivo de funcionários ou a uma empresa contratada para realizar serviços de seu interesse no interior de sua instalação industrial, sob a forma de terceirização de serviços.

Independente da forma de contratação, o colaborador deverá ter seus certificados em dia, além da autorização fornecida pela empresa, inclusive com distinção entre suas experiências de forma a ficar claro quem é o responsável pela equipe.

5 — RESPONSABILIDADES

Item 10.13.2 É de responsabilidade dos contratantes manter os trabalhadores informados sobre os riscos a que estão expostos, instruindo-os quanto aos procedimentos e medidas de controle contra os riscos elétricos a serem adotados.

Item 10.13.3 Cabe à empresa, na ocorrência de acidentes de trabalho envolvendo instalações e serviços em eletricidade, propor e adotar medidas preventivas e corretivas.

GERAL

Não é permitido operar nenhuma chave ou disjuntor elétrico sempre que este se encontrar bloqueado, sendo que a remoção do **Bloqueador** ou **Etiqueta** só poderá ser realizada pelo funcionário que os aplicou.

EXECUTANTE

- Seguir todas as instruções adquiridas no treinamento quanto ao uso de EPIs e EPCs;
- Seguir normas, procedimentos e instruções relacionados à segurança conforme orientação recebida em treinamento;
- Comunicar aos responsáveis as situações de risco para sua segurança e saúde ou de terceiros, que sejam do seu conhecimento;

	PROCEDIMENTO DE TRABALHO	Elaborado por: Servidone	
Logotipo da empresa		Data:	Pág.: 3 de 11
	Título: Atendimento ao Acidentado com Eletricidade	Revisão: 0	

- Conhecer os riscos e as medidas de prevenção que possam encontrar durante a atividade;

- Cumprir integralmente o disposto neste procedimento;

- Retirar somente seu bloqueio (suporte de cadeado de segurança/etiqueta) quando sua parte no trabalho estiver completa;

- Notificar ao supervisor ou chefia toda e qualquer ausência do local de trabalho, não importando o motivo;

- O operador nunca deve emprestar seu cartão pessoal e seu cadeado para outro funcionário;

- Participar da restauração de energia nas máquinas e equipamentos às operações normais de produção;

- Comunicar ao superior qualquer risco ou perigo de acidente, alertando também aos companheiros, para que sejam tomadas as devidas precauções, por mais insignificante que pareça a situação;

- Seguir à risca todas as normas de segurança, acompanhando os procedimentos, utilizando os EPIs e EPCs necessários, não brincando em serviço, nem ingerindo bebidas alcoólicas ou portando armas, não usar adornos ou aparelhos sonoros; e

- Utilizar o direito de recusa em caso de algum trabalho oferecer um risco que não esteja com as medidas de proteção corretas e possa acarretar um acidente, conforme item 1.4.3 da NR-01.

GERENTES

- Certificar-se com treinamentos e reuniões de boas-vindas e periódicas a todos os colaboradores sobre as normas de segurança da empresa e precauções de trabalho fazendo que sejam cumpridas;

- Designar pessoal habilitado, autorizado e com as competências adequadas para as tarefas;

- Manter-se a par das alterações introduzidas nas normas de Higiene e de Segurança do Trabalho e transmiti-las

Logotipo da empresa	PROCEDIMENTO DE TRABALHO	Elaborado por: Servidone	
		Data:	Pág.: 4 de 11
	Título: Atendimento ao Acidentado com Eletricidade	Revisão: 0	

aos seus colaboradores, bem como fornecer a CAT em casos de acidente;

- Proibir a entrada de menores e aprendizes em subestações ou áreas de risco; e
- Investigar as possíveis causas de acidentes e fazer cumprir as medidas que possam evitar sua repetição.

SUPERVISORES E ENCARREGADOS

- Garantir que todos os colaboradores envolvidos estejam cientes e seguindo os passos deste procedimento;
- Instruir e cobrar os colaboradores com relação às normas Higiene e de Segurança do Trabalho, advertindo-os sob sua responsabilidade quando deixarem de cumprir tais normas;
- Verificar a utilização de equipamentos de sinalização, EPIs, EPCs e roupas adequadas, sem adornos, antes da execução dos serviços, orientando sobre o serviço a ser feito, tirando dúvidas e conservando o local de trabalho organizado e limpo;
- Distribuir as tarefas conforme estejam capacitados e de acordo com habilitação e autorização de cada um;
- Zelar pela conservação do ferramental e equipamentos de proteção, proibindo a utilização dos que apresentem defeitos e providenciando os Primeiros Socorros em caso de acidentes, cooperando com a CIPA e seguindo as orientações da empresa; e
- Verificar se todos os procedimentos estão disponíveis aos colaboradores e sendo seguidos corretamente, assinados pelos responsáveis e acompanhados pelas Ordens de Serviço (OS).

RESPONSÁVEL PELO PRONTUÁRIO DAS INSTALAÇÕES ELÉTRICAS (PIE)

Garantir o cumprimento desta instrução nas áreas de sua responsabilidade reciclando a equipe quanto aos procedimentos existentes.

Logotipo da empresa	PROCEDIMENTO DE TRABALHO	Elaborado por: Servidone	
		Data:	Pág.: 5 de 11
	Título: Atendimento ao Acidentado com Eletricidade	Revisão: 0	

BRIGADA DE EMERGÊNCIA

Retirar os executantes de atividade envolvendo eletricidade em situação de emergência e prestar-lhes os primeiros-socorros.

SESMT (SEGURANÇA DO TRABALHO)

Fazer cumprir esta instrução, identificar e avaliar os locais com atividades envolvendo eletricidade, identificar e implementar melhorias;

Prover direção e assistência para treinamento inicial e/ou reciclagem para todos os colaboradores que poderiam estar envolvidos em trabalho com eletricidade;

Treinar os colaboradores quanto ao correto uso dos EPIs e EPCs. Avaliar, selecionar e aprovar equipamento de proteção para trabalhos em eletricidade; e

Analisar e liberar a "Permissão de Trabalho" — PT, e análise de risco (quando aplicável), autorizando o início dos trabalhos.

6 — DISPOSIÇÕES GERAIS

Planejar previamente, programar, indicar todas as situações de risco e formas de controle, por meio de procedimentos específicos, padronizados, com descrição detalhada de cada tarefa, passo a passo, e que seja passível de revisões, assinado pelo responsável da liberação do serviço;

Ser realizado por trabalhadores habilitados e autorizados;

Verificar **SEMPRE** se as condições de uso dos EPC, EPI e ferramental a serem utilizados para a atividade programada atendem o mínimo necessário, ou seja, se o selo dos testes de isolação estão devidamente fixados no instrumento e dentro da validade, bem como se há avarias e anormalidades no instrumento. Caso positivo, os itens em desacordo devem ser substituídos imediatamente;

Realizar a sinalização adequada e o isolamento da área garantindo a segurança das pessoas indiretamente expostas e dos demais executantes da tarefa;

Durante toda a execução do serviço, os colaboradores deverão evitar distrações e conversas sobre outros assuntos que não

Logotipo da empresa	PROCEDIMENTO DE TRABALHO	Elaborado por: Servidone	
		Data:	Pág.: 6 de 11
	Título: Atendimento ao Acidentado com Eletricidade	Revisão: 0	

o serviço em foco, visando manter adequada concentração nas atividades, tornando o trabalho mais seguro para todos; e

Lembrar-se que a vestimenta de segurança também faz parte dos EPIs a serem avaliados.

7 — DESCRIÇÃO DETALHADA DA OPERAÇÃO (PASSO A PASSO)

INSTRUÇÕES GERAIS

As técnicas de resgate abaixo não substituem conhecimentos específicos de primeiros socorros e somente devem ser aplicados por pessoas que se sintam seguras nas aplicações dessas técnicas.

Atendimento ao Acidentado com eletricidade

PASSO 1:

*   Desenergização/Resgate:

    Antes do início de qualquer atividade é aconselhável conhecer os brigadistas do setor que está atuando;

    Em caso de sinistro, primeiramente deverá procurar o auxílio do brigadista do setor ou técnico de segurança;

    Caso não encontre e se julgue apto a executar os procedimentos de resgate, seguir os passos abaixo:

    ✓ Antes de iniciar o processo de resgate, analisar os riscos adicionais do local;

    ✓ Desligue imediatamente a energia elétrica. Se não for possível, interrompa o contato da vítima com a corrente elétrica, utilizando material não condutor seco (bastão isolante apropriado para resgate de vítima ainda em contato com partes energizadas, pedaço de madeira, corda, borracha ou pano grosso). **Nunca use objeto metálico ou úmido, inclusive a madeira;**

    ✓ Se as roupas da vítima estiverem em chamas, deite-a no chão e cubra-a com um tecido bem grosso, para abafar a chama. Outra opção é rolar a vítima no chão. Não a deixe correr.

Logotipo da empresa	PROCEDIMENTO DE TRABALHO	Elaborado por: Servidone	
		Data:	Pág.: 7 de 11
	Título: Atendimento ao Acidentado com Eletricidade	Revisão: 0	

PASSO 2:

Primeiros Socorros:

- Avalie a vítima, expondo a maior parte possível de seu corpo. Procure por queimaduras elétricas evidentes;
- Resfrie os locais afetados com água em abundância ou panos molhados por 20 minutos;
- O uso de gelo, pomada ou pasta de dente complicará o atendimento hospitalar;
- As roupas grudadas devem ser removidas por profissionais de saúde especializados;
- Queimaduras na face e órgãos genitais merecem um atendimento especializado imediato, independentemente da extensão da área afetada.

PASSO 3:

Antes de iniciar qualquer procedimento com a vítima, chame o serviço de emergência (ramal de emergência, caso exista, ou para os Bombeiros — 193, ou para o SAMU — 192) e informe que se trata de um acidente com eletricidade para que a equipe do resgate venha preparada e com os equipamentos necessários para fazer a ressuscitação (caso necessário).

- Ressuscitação (Cardiopulmonar) — Procedimento básico para Reanimação Cardíaca Pulmonar — RCP (sem ter havido trauma).
- Avaliar o local se é seguro para aplicar o procedimento ali mesmo:
  - ✓ Existe perigo a quem socorre?
  - ✓ O chão é firme?
  - ✓ Tem líquido, objeto, fumaça, eletricidade ou algo que ofereça risco ao prestador do socorro?
  - ✓ O que tem acima e abaixo da vítima (andaime, telhado, guindaste)?
  - ✓ Observar todos os lados e se há alguém por perto (se tiver, peça orientação sobre a área, serviço realizado no local, produtos químicos existentes, se

Logotipo da empresa	PROCEDIMENTO DE TRABALHO	Elaborado por: Servidone	
		Data:	Pág.: 8 de 11
	Título: Atendimento ao Acidentado com Eletricidade	Revisão: 0	

viu ou ouviu algo estranho, peça que observe a sua abordagem e em seguida, que busque socorro).

- Verificar os reflexos da vitima:
- ✓ Tocar a vítima nos ombros (sem sacudir);
- ✓ Chamá-la pelo nome ou se desconhecido, por rapaz ou moça, alto e em bom tom, seja claro;
- ✓ Caso não obtenha resposta, peça que alguém chame por ajuda, pois uma vez desmaiada, essa vítima necessita de cuidados hospitalares.

- Abrir vias aéreas:
- ✓ Com a palma de uma mão na testa da vítima e a outra sob o queixo realize um movimento elevando o queixo e trazendo a cabeça para trás;
- ✓ Mantenha a palma da mão na testa e com a outra abra a boca da vítima;
- ✓ Observe se há algo estranho que a impeça de respirar livremente (alimento, prótese dentária, moedas etc.);
- ✓ Retire com cuidado para não introduzir mais, caso encontre algo.

- Verificar respiração:
- ✓ Mantenha a posição de vias aéreas abertas, com a mão na testa da vítima;
- ✓ Utilize o método VOS (ver, ouvir e sentir);
- ✓ Aproxime seu rosto perto da boca da vítima e mantenha seus olhos para o tórax da mesma, **VEJA** se existem movimentos de expansão do tórax, **OUÇA** se a vítima respira, e **SINTA** a respiração no seu rosto.

PASSO 4:

Manobra para adultos e adolescentes:

- Caso não respire:
- Insuflar 2 vezes.

	PROCEDIMENTO DE TRABALHO	Elaborado por: Servidone	
Logotipo da empresa		Data:	Pág.: 9 de 11
	Título: Atendimento ao Acidentado com Eletricidade	Revisão: 0	

Mantendo a palma da mão na testa da vítima, com a mesma mão tape o nariz da vítima.

Utilizando uma barreira de proteção respiratória, coloque sua boca na barreira de forma que cubra toda a boca da vítima, efetue 2 insuflações na vítima, verificando a expansão do tórax.

- Caso respire ou após as 2 primeiras insuflações:
  - ✓ Verificar sinais de circulação;
  - ✓ Observar movimentos de mãos, pernas, boca, olhos, tosse;
  - ✓ Somente checar pulso carotídeo se tiver treinamento específico.
- Caso não existam os sinais de circulação:
  - ✓ Iniciar novamente o RCP.

Obs.: DEVE-SE MANTER A RCP ATÉ A CHEGADA DO SOCORRO!

8 — MEDIDAS DE CONTROLE

a) Efetuar a desenergização das instalações onde está ocorrendo a manutenção ou o reparo por meio do seccionamento de chaves/disjuntores/contatores ou retirada dos fusíveis das chaves, verificar a condição de ausência de tensão por meio de detector de tensão, amperímetro alicate e/ou multímetros;

b) Efetuar o impedimento de reenergização por meio de bloqueadores, travando chaves, disjuntores, contatores e painéis, evitando danos causados por energização inesperada e instalar etiqueta junto ao bloqueador;

c) Instalar de modo adequado o aterramento móvel padronizado no circuito que se deseja trabalhar, evitando, assim, descarga de energia armazenada durante processo dos equipamentos;

d) Antes de liberar o pessoal para o trabalho, deve-se acionar o botão de comando do equipamento em atividade de bloqueio para confirmar sua inatividade, e, só então liberar para execução dos trabalhos; e

	PROCEDIMENTO DE TRABALHO	Elaborado por: Servidone	
Logotipo da empresa		Data:	Pág.: 10 de 11
	Título: Atendimento ao Acidentado com Eletricidade	Revisão: 0	

e) Após a conclusão dos trabalhos, os seguintes cuidados deverão ser atendidos:

— Solicitar e confirmar a remoção de todas as ferramentas, dispositivos, componentes e resíduos consequentes dos serviços e retirada de todos os colaboradores não envolvidos no processo de reenergização;

— Examinar a área e equipamento a ser restabelecido a fim de certificar que não existe nada impedindo seu restabelecimento, inclusive os conjuntos de aterramento elétricos, travamento mecânico e ferramentas; e

— Avisar todas as pessoas envolvidas neste trabalho que os dispositivos de bloqueio e as etiquetas serão retirados.

*** A partir da realização do item acima: todos deverão considerar o equipamento em retorno à operação normal, sendo proibido o retorno da intervenção neste equipamento, sem que se cumpra a rotina de impedimento, desde o início, novamente, bem como uma nova Ordem de Serviço deverá ser emitida com a nova situação de data e hora.

9 — RECOMENDAÇÕES DE PROTEÇÃO INDIVIDUAL

- Luvas de Proteção emborrachada;
- Máscara;
- Óculos anti-embaçante.

10 — RECOMENDAÇÕES DE PROTEÇÃO COLETIVA

- Isolamento da área.

11 — ORIENTAÇÕES FINAIS

Para a efetiva implementação deste procedimento deverá ser realizado um treinamento com todos os envolvidos e uma verificação por parte dos coordenadores da efetiva utilização dos itens do procedimento.

Logotipo da empresa	PROCEDIMENTO DE TRABALHO	Elaborado por: Servidone	
		Data:	Pág.: 11 de 11
	Título: Atendimento ao Acidentado com Eletricidade	Revisão: 0	

12 — APROVAÇÃO

Profissional Legalmente Habilitado:	
Função:	
CREA:	
Data:	Ass.:

13 — OBSERVAÇÕES

Os EPIs e EPCs listados são apenas exemplos, pois cada atividade deve ser analisada e considerar os EPIs adequados a cada atividade, bem como os EPCs, que não apresentam CA (Certificado de Aprovação) junto ao Ministério do Trabalho também devem ser escolhidos conforme o tipo e o alcance de cada atividade.

14 — EQUIPE ENVOLVIDA

01 — Nome:	RG:
02 — Nome:	RG:
03 — Nome:	RG:
04 — Nome:	RG:
05 — Nome:	RG:
06 — Nome:	RG:
07 — Nome:	RG:
08 — Nome:	RG:

Logotipo da empresa	**PROCEDIMENTO DE TRABALHO**	Elaborado por: Vagner Lobosco	
		Data:	Pág.: 1 de 25
	Título: Trabalho em Altura	Revisão: 0	

10

Trabalho em Altura

* Importante → Este procedimento não tem a intenção de substituir, alterar ou contradizer quaisquer itens da NR-35 que é a Norma Regulamentadora, por excelência, orientadora das atividades e serviços realizados acima de 2,00 metros do nível inferior, onde haja risco de queda. Assim sendo, a NR-35 deve sempre ser consultada e atendida prioritariamente, na realização dos trabalhos em altura, bem como suas publicações correlatas:

- Cartilha: Trabalho em Altura;
- Cartilha: Segurança em Serviços de Manutenção de Fachadas;
- Manual Consolidado de Acesso por Cordas; e
- Guia de Boas Práticas para Trabalho em Altura em Atividades Portuárias.

Inclusive este último, por tratar de atividades com caminhões, caminhões tanque, empilhadeiras e torres de iluminação. Ressaltamos ainda a importância dos procedimentos e treinamentos definidos na NR-35 referentes aos Sistemas de Proteção contra Quedas tanto Coletivo (SPCQ) quanto Individual (SPIQ) e a necessidade de conhecimento e treinamento de uma equipe para 'Emergência e Salvamento' (item 35.6).

Para a realização de atividades em altura os trabalhadores devem:

- Possuir os exames específicos da função comprovados no ASO — Atestado de Saúde Ocupacional (o ASO deve

	PROCEDIMENTO DE TRABALHO	Elaborado por: Vagner Lobosco	
Logotipo da empresa		Data:	Pág.: 2 de 25
	Título: Trabalho em Altura	Revisão: 0	

indicar explicitamente que a pessoa está apta a executar trabalhos em local elevado);

- Estar em perfeitas condições físicas e psicológicas, paralisando a atividade caso sinta qualquer alteração em suas condições; e
- Estar treinado e orientado sobre todos os riscos envolvidos.

Assim sendo, neste procedimento vamos expor algumas exigências básicas na utilização dos equipamentos e dispositivos para trabalhos em altura e que as normas e publicações aqui citadas estão em constante aprimoramento, devendo sempre ser consultadas e verificadas para atender sua mais recente versão, além de acompanhar e permanecer em dia com os treinamentos exigidos.

1 — OBJETIVO: Este procedimento tem como objetivo estabelecer um método seguro para realizar manutenções e serviços em instalações elétricas em altura acima de 2,00 m (dois metros) do nível inferior, onde haja risco de queda, ou seja, para acesso ou execução de tarefas, no uso de escadas móveis, escadas marinheiro e vertical, escadas plataforma, andaimes, plataformas suspensas, plataformas elevatórias, balancins e passarelas para telhado.

2 — CAMPO DE APLICAÇÃO: Utilização de meios seguros para todo serviço de manutenção, reforma, ampliação ou inspeção dos sistemas elétricos ou serviços com eletricidade, com requisitos mínimos e as medidas de proteção para o trabalho em altura, envolvendo o planejamento, a organização e a execução, de forma a garantir a segurança e a saúde dos colaboradores envolvidos direta ou indiretamente, sendo complementada com as normas técnicas oficiais estabelecidas pelos órgãos competentes e, na ausência ou omissão destas, com as normas internacionais aplicáveis.

3 — BASE TÉCNICA

Norma Regulamentadora 06 — Equipamento de Proteção Individual — EPI.

Norma Regulamentadora 07 — Programa de Controle Médico de Saúde Ocupacional — PCMSO.

Logotipo da empresa	PROCEDIMENTO DE TRABALHO	Elaborado por: Vagner Lobosco
		Data: Pág.: 3 de 25
	Título: Trabalho em Altura	Revisão: 0

Norma Regulamentadora 10 — Segurança em Instalações e Serviços em Eletricidade.

Norma Regulamentadora 18 — Condições e Meio Ambiente de Trabalho na Indústria da Construção — PCMAT.

Norma Regulamentadora 35 — Trabalho em Altura.

ABNT NBR 5410 — Instalações Elétricas de Baixa Tensão.

ABNT NBR 6494 — Segurança nos Andaimes.

ABNT NBR 7678 — Segurança na Execução de Obras e Serviços de Construção.

ABNT NBR 16489 — Sistemas e equipamentos de proteção individual para trabalhos em altura — Recomendações e orientações para seleção, uso e manutenção.

NBR 16384 — Segurança em Eletricidade.

NBR IEC 60529 — Graus de proteção providos por invólucros (Códigos IP).

4 — COMPETÊNCIAS

Item 10.13.4 Cabe aos trabalhadores:

a)   zelar pela sua segurança e saúde e a de terceiros que possam ser afetados por suas ações ou omissões no trabalho;

b)   responsabilizar-se junto a empresa pelo cumprimento das disposições legais e regulamentares, inclusive quanto aos procedimentos internos de segurança e saúde; e

c)   comunicar, de imediato, ao responsável pela execução do serviço as situações que considerar de risco para sua segurança e saúde e a de outras pessoas.

O colaborador é o profissional que presta serviço na empresa e que pertence ou ao efetivo de funcionários ou a uma empresa terceirizada contratada para realizar serviços em suas instalações elétricas, que deverá :

•   Possuir seus certificados em dia, bem como suas autorizações fornecidas pela empresa;

Logotipo da empresa	PROCEDIMENTO DE TRABALHO	Elaborado por: Vagner Lobosco	
		Data:	Pág.: 4 de 25
	Título: Trabalho em Altura	Revisão: 0	

- Assinar e armazenar a ordem de serviço de forma a ficar caracterizada a ação e quem é o responsável;

- Permanecer com a sinalização de segurança prevenindo contra queda de materiais e equipamentos os colaboradores envolvidos ou não, que estejam nas proximidades;

- Para média ou alta tensão além de ser necessário que os colaboradores os certificados do SEP, entendemos que esta atividade só será executada por terceiros treinados e autorizados pela concessionária da região ou mesmo pelos funcionários da própria concessionária; e

- Este procedimento está ligado diretamente aos gestores dos serviços de manutenção e inspeção elétricas.

5 — RESPONSABILIDADES

Item 10.13.2 Cabe aos contratantes manter os trabalhadores informados sobre os riscos a que estão expostos, instruindo-os quanto aos procedimentos e medidas de controle contra os riscos elétricos a serem adotados.

Item 10.13.3 Cabe à empresa, na ocorrência de acidentes de trabalho envolvendo instalações e serviços em eletricidade, propor e adotar medidas preventivas e corretivas.

As empresas contratadas para realizar trabalhos em altura também têm sua responsabilidade compartilhada com os responsáveis pela execução dos serviços e pela liberação das permissões de trabalho em altura.

EQUIPE EXECUTANTE

Seguir todas as instruções quanto ao uso de EPIs e EPCs, observar os mesmos quanto às condições de uso, bem como as normas, procedimentos e instruções relacionados à segurança conforme orientação recebida em treinamento.

Conhecer os riscos da atividade, suas medidas de prevenção e discutir estas antes de iniciar os procedimentos, de forma a garantir a segurança e a saúde dos colaboradores envolvidos direta ou indiretamente.

Logotipo da empresa	**PROCEDIMENTO DE TRABALHO**	Elaborado por: Vagner Lobosco	
		Data:	Pág.: 5 de 25
	Título: Trabalho em Altura	Revisão: 0	

Ser previamente planejado, programado e organizado indicando todas as situações de risco, forma de controle de forma a atender os princípios técnicos básicos e as melhores técnicas de segurança aplicáveis ao serviço, por meio de procedimentos específicos — Permissão de Trabalho em Altura, padronizados, com descrição detalhada de cada tarefa, passo a passo e que seja passível de revisões, assinado pelo responsável da liberação do serviço.

Os exames médicos dos trabalhadores devem estar compatíveis com a atividade exercida de acordo com o estabelecido pelo médico coordenador do Programa de Controle Médico e Saúde Ocupacional — PCMSO.

Todos os trabalhadores que realizem atividades em altura deverão participar de treinamentos quanto aos riscos de trabalho em altura conforme previsto na NR-35 e estar cientes dos riscos antes do início das atividades.

As ações de respostas às emergências que envolvam o trabalho em altura devem constar do plano de emergência da empresa, bem como dispor de equipamentos e acessórios, além de pessoal treinado, para resgate a acidentados.

Cumprir integralmente o disposto neste procedimento;

- Notificar ao supervisor ou chefia toda e qualquer ausência do local de trabalho, não importando o motivo;

- Comunicar ao superior qualquer risco ou perigo de acidente, alertando também aos companheiros, para que sejam tomadas as devidas precauções, por mais insignificante que pareça a situação;

- Seguir à risca todos os procedimentos de trabalho de forma segura, utilizando os EPIs e EPCs necessários, não brincar em serviço, nem ingerir álcool ou portar armas, não usar adornos ou aparelhos sonoros; e

- Utilizar o direito de recusa em caso de algum trabalho oferecer um risco que não esteja com as medidas de proteção corretas e possa acarretar um acidente, conforme item 1.4.3 da NR-01.

	PROCEDIMENTO DE TRABALHO	Elaborado por: Vagner Lobosco	
Logotipo da empresa		Data:	Pág.: 6 de 25
	Título: Trabalho em Altura	Revisão: 0	

GERENTES

- Certificar com treinamentos e reuniões de boas-vindas e periódicas a todos os colaboradores sobre as normas de segurança da empresa e precauções de trabalho, fazendo que sejam cumpridas;
- Designar pessoal habilitado, autorizado e com as competências adequadas para as tarefas;
- Manter-se a par das alterações introduzidas nas normas de segurança do trabalho e transmiti-las aos seus colaboradores, bem como fornecer a CAT em casos de acidente;
- Proibir a entrada de menores e aprendizes em áreas de risco; e
- Estudar as possíveis causas de acidentes e fazer cumprir as medidas de forma a evitar novas ocorrências.

SUPERVISORES/ENCARREGADOS

- Garantir que todos os colaboradores envolvidos estejam cientes e seguindo os passos deste procedimento;
- Instruir e cobrar os colaboradores com relação às normas de segurança, advertindo-os sob sua responsabilidade quando deixarem de cumprir tais normas;
- Verificar a utilização de equipamentos de sinalização, EPIs, EPCs e roupas adequadas, sem adornos, antes da execução dos serviços, orientando sobre o serviço a ser feito, tirando dúvidas e conservando o local de trabalho organizado e limpo;
- Distribuir as tarefas conforme estejam capacitados e de acordo com habilitação e autorização de cada um;
- Zelar pela conservação do ferramental e equipamentos de proteção, proibindo a utilização dos que apresentem defeitos e providenciando os Primeiros Socorros em caso de acidentes, cooperando com a CIPA e seguindo as orientações da empresa; e
- Verificar se todos os procedimentos estão disponíveis aos colaboradores e sendo seguidos corretamente, assinados pelos responsáveis e acompanhados pelas Ordens de Serviço (OS).

	PROCEDIMENTO DE TRABALHO	Elaborado por: Vagner Lobosco	
Logotipo da empresa		Data:	Pág.: 7 de 25
	Título: Trabalho em Altura	Revisão: 0	

RESPONSÁVEL PELO PRONTUÁRIO DAS INSTALAÇÕES ELÉTRICAS (PIE)

- Garantir o cumprimento desta instrução nas áreas de sua responsabilidade reciclando a equipe quanto aos procedimentos existentes e armazenar as documentações geradas pelo serviço e executado.

BRIGADA DE EMERGÊNCIA

- Garantir que os colaboradores não envolvidos na atividade estejam numa distância segura e estar preparados para quaisquer emergências.

SESMT (SEGURANÇA DO TRABALHO)

Fazer cumprir esta instrução, identificar e avaliar os locais com atividades envolvendo eletricidade, identificar e implementar melhorias.

Prover direção e assistência para treinamento inicial e/ou reciclagem para todos os colaboradores que poderiam estar envolvidos em trabalho com eletricidade.

Avaliar, selecionar e aprovar EPIs e EPCs, além de treinar os colaboradores quanto ao seu correto uso para trabalhos em eletricidade.

Analisar e autorizar a utilização dos documentos "Permissão de Trabalho em Altura" — PTA e "Análise Preliminar de Risco" — APR, auxiliando no desenvolvimento e atualização dos mesmos.

6 — DISPOSIÇÕES GERAIS E EXIGÊNCIAS INICIAIS

Realizar o planejamento das tarefas, organização dos materiais e equipamentos e a execução sistemática de forma a garantir a segurança e definir as formas de controle, seguindo o procedimento específico, padronizado e que seja passível de revisão, juntamente com a Análise de Risco (AR) e a Anotação de Responsabilidade Técnica (ART), assinados pelo responsável de cada documento;

Realizar as atividades com trabalhadores habilitados e autorizados, certificando-se de sua capacitação e treinamento conforme a Norma Regulamentadora 35 — Trabalho em Altura, e no planejamento do trabalho em altura devem ser adotadas medidas de proteção, seguindo-se a seguinte hierarquia:

		Elaborado por: Vagner Lobosco	
Logotipo da empresa	PROCEDIMENTO DE TRABALHO	Data:	Pág.: 8 de 25
	Título: Trabalho em Altura	Revisão: **0**	

1) medidas para evitar o trabalho em altura, sempre que existir meio alternativo de execução;

2) medidas que eliminem o risco de queda dos trabalhadores, na impossibilidade de execução do trabalho de outra forma; e

3) medidas que minimizem as consequências da queda, quando o risco de queda não puder ser eliminado.

Verificar sempre as condições de uso dos EPCs, EPIs e ferramental a ser utilizado para a atividade programada, devendo ser inspecionados pelo trabalhador antes do seu uso e quando de avarias e anormalidades devem ser substituídos imediatamente, além de ser transportados em bolsas especiais, evitando arremessá-los;

Realizar sinalização adequada e o isolamento da área garantindo a segurança das pessoas indiretamente expostas e dos demais executantes da tarefa;

Durante toda execução do serviço, os colaboradores deverão evitar distrações e conversas sobre outros assuntos que não o serviço em foco, visando manter adequada concentração nas atividades, tornando o trabalho mais seguro para todos;

Observar que a vestimenta de segurança também faz parte dos EPIs a serem utilizados;

Seguir as restrições previstas na Norma Regulamentadora 18 — Condições e Meio Ambiente de Trabalho na Indústria da Construção quanto ao item 13 — Medidas de Proteção contra Quedas de Altura (onde aplicável);

O trabalhador deverá possuir Atestado de Saúde Ocupacional (ASO), conforme prescrito pelo médico coordenador do PCMSO — Programa de Controle Médico de Saúde Ocupacional (NR-07) acusando que o trabalhador esteja em perfeitas condições psicológicas e apto para executar trabalhos em altura.

As principais causas de queda em altura, segundo pesquisas recentes, são :

- Perda de equilíbrio, passo em falso, tropeço, escorregão etc...

- Falta de proteção na área de trabalho tais como barreira, guarda-corpo etc...

Logotipo da empresa	PROCEDIMENTO DE TRABALHO	Elaborado por: Vagner Lobosco	
		Data:	Pág.: 9 de 25
	Título: Trabalho em Altura	Revisão: 0	

- Falha de uma instalação de segurança, tais como rompimento de corda, quebra do guarda-corpo etc...

- Contato acidental com fiação elétrica devido à proximidade ou desatenção com equipamentos de metal, e

- Inaptidão dos colaboradores à atividade utilizando método incorreto de trabalho.

Portanto: Estas causas devem ser tratadas como riscos e serem incluídas na APR de forma a serem tratadas com a antecedência necessária e eliminados os motivos de suas ocorrências.

Uma das exigências é ser obrigatório o uso do capacete com jugular e do cinto de segurança tipo paraquedista, sendo que este deverá estar conectado preferencialmente acima da cabeça e nunca abaixo da cintura.

Técnicas de Prevenção de Quedas: <u>Redução do tempo de exposição ao risco</u>, transferindo o que for possível para o nível mais baixo (por exemplo, utilizando peças pré-montadas)/<u>Impedimento da queda</u>, eliminando o risco por meio de barreiras (por exemplo, colocação de guarda-corpo)/<u>Limitação da queda</u>, recorrendo a proteções que a limitem (por exemplo, usando redes de proteção) e <u>EPIs</u>, quando não seja possível a adoção das medidas acima, deve-se recorrer a equipamentos de proteção individual (por exemplo, cinto de segurança com ancoragem).

7 — DESCRIÇÃO DETALHADA DA OPERAÇÃO (PASSO A PASSO) COM MEDIDAS DE CONTROLE

No início das tarefas:

Escadas (requisitos mínimos)

Não podem ser pintadas de forma a encobrir qualquer possível defeito da madeira, em toda sua extensão, devendo ser pintadas com verniz incolor resistente a intempéries e com faixas pretas e amarelas podem ser pintadas nas faces externas das laterais da escada (montantes), do pé da escada até o quinto degrau, para fins de visualização; e

As escadas não podem ser utilizadas como passadiço, nem descer a mesma de costas, inclinar para os lados quando realizar os trabalhos, sendo necessário descer e mudar a escada de lugar;

	PROCEDIMENTO DE TRABALHO	Elaborado por: Vagner Lobosco	
Logotipo da empresa		Data:	Pág.: 10 de 25
	Título: Trabalho em Altura	Revisão: 0	

nunca improvisar nem utilizar os dois últimos degraus, bem como, nunca utilizar escadas sobre andaime.

Generalidades

Na utilização de escadas é obrigatório o uso de cinto de segurança nos trabalhos acima de 2 m de altura e devem ser verificadas que as mesmas sejam do tipo e tamanho adequados ao serviço a ser executado, que todos os componentes estejam em boas condições, que possuam sapatas de borracha antiderrapante, sendo que estas devem estar bem assentadas em superfície plana, seca e sólida.

As áreas devem ser sinalizadas com obstáculos evitando o risco das escadas serem abalroadas por veículos ou outros equipamentos móveis, inclusive deve ser observado o detalhe de nunca apoiar a extremidade das escadas em vidro de janelas, painéis ou qualquer superfície cuja resistência seja desconhecida; e

É proibida a utilização de escadas metálicas em intervenções elétricas, sendo largamente utilizada a escada em fibra de vidro.

Escada Simples de Abrir

Um segmento, de degraus planos, articulado na extremidade superior, com sapata de borracha antiderrapante e envernizada. Devendo estar com sua corrente limitadora de abertura completamente esticada e nunca ser utilizada como escada de encostar, ao ser posicionada.

Escada Dupla de Abrir

Dois segmentos, de degraus planos, articulados entre si nas extremidades superiores, com sapata de borracha antiderrapante e envernizada. Devendo estar com sua corrente

Logotipo da empresa	**PROCEDIMENTO DE TRABALHO**	Elaborado por: Vagner Lobosco	
		Data:	Pág.: 11 de 25
	Título: Trabalho em Altura	Revisão: 0	

limitadora de abertura completamente esticada e nunca ser utilizada como escada de encostar, ao ser posicionada.

Escada Singela

Segmento único de degraus em madeira de lei redondos, envernizada e com sapata de borracha antiderrapante, que estejam apoiadas e amarradas, no alto, em parede ou segmento fixo e sólido de estrutura ou equipamento, para que não se desloquem para os lados.

Escada Extensível

Segmento único de degraus em madeira de lei redondos, envernizada e com sapata de borracha antiderrapante, que estejam apoiadas e amarradas, no alto, em parede ou segmento fixo e sólido de estrutura ou equipamento, para que não se desloquem para os lados, sendo proibido o uso do lance móvel como escada simples de encostar.

É obrigação de cada colaborador que realiza trabalhos em altura inspecionar a escada antes de usá-la, verificando se há rachaduras, sinais de batida, degraus soltos ou outros defeitos nas escadas, bem como as ferragens — dobradiças, guias, roldanas, corrente limitadora de abertura etc., se estão soltas, quebradas, oxidadas e/ou fora de alinhamento.

Logotipo da empresa	PROCEDIMENTO DE TRABALHO	Elaborado por: Vagner Lobosco	
		Data:	Pág.: 12 de 25
	Título: Trabalho em Altura	Revisão: 0	

Superfície de passagem	Material	Dimensões e resistência
Escada de uso individual (escada de mão)	Comprimento	Máximo de 7 m de extensão.
	Degraus	Espaçamento entre degraus (mín: 0,25m e no máx: 0,30m).
	Sistema de fixação	A escada deve ser fixada nos pisos inferior e superior e ultrapassar 1 m o piso superior.
Esc. de abrir	Comprimento	Máximo de 6 m.
Escadas tipo marinheiro	Estruturas	Geralmente metálicas.
	Uso	Em locais que excedam 6 m de desnível a ser vencido, possuindo gaiola de proteção.
	Comprimento	A extremidade superior dos montantes deve ultrapassar 1 m a superfície que se deseja atingir
	Travessas (degraus)	O espaçamento entre degraus deve ser de no mínimo 0,25 m e no máximo 0,30 m. A largura dos degraus deve ser de no mínimo 0,45 m e no máximo 0,55 m. A seção transversal dos degraus deve possuir um formato que facilite a pegada da mão, devendo apresentar uma resistência aproximada de três vezes o esforço solicitado.
	Gaiola de proteção	Escadas com mais de 6 m de altura devem ter gaiola de proteção. Gaiola instalada a de 2 m do piso, ultrapassando 1 m o nível superior.
	Plataforma intermediária	Cada lance de 9 m de altura deve ter plataformas intermediárias com GcR.

Especificações para projetos de escadas conforme NR-18

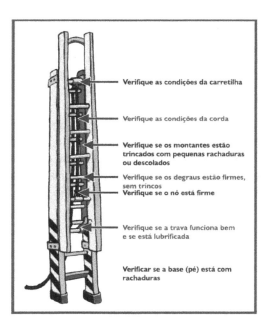

Verificações recomendadas para escada de extensão ou prolongável pela Comissão Tripartite de Negociação do Setor Elétrico no Estado de São Paulo (CPN-SP)

Logotipo da empresa	PROCEDIMENTO DE TRABALHO	Elaborado por: Vagner Lobosco	
		Data:	Pág.: 13 de 25
	Título: Trabalho em Altura	Revisão: 0	

Manutenção

As ferragens devem ser apertadas sempre que necessário ou substituídas por iguais as originais; as cordas das escadas extensíveis devem ser substituídas sempre que apresentarem desgastes; as escadas sem condições adequadas de utilização devem ficar separadas, com a devida identificação e só serem liberadas para uso quando ocorrer a manutenção necessária, com os devidos reparos e/ou substituição.

Transporte

As escadas devem ser transportadas no ombro e com todo o cuidado, principalmente: ao passar por portas, ao virar esquinas, entre máquinas, em que a visão é limitada por equipamentos altos, pilhas de materiais etc.;

Escadas de até 4 m podem ser transportadas por uma só pessoa; a extremidade que vai a frente deve ser mantida a uma altura de 2 m e a de trás rente ao chão; e as escadas com mais de 4 m devem ser transportadas por duas pessoas e apoiadas pelo mesmo lado.

Armazenamento

As escadas devem ser mantidas armazenadas na posição horizontal, contra uma parede ou outra superfície similar, sustentadas por suportes apropriados;

A área de armazenagem deve ser protegida das intempéries, livre de umidade, de fontes de calor, ou de outros agentes que possam prejudicar os componentes das escadas; e

Antes de serem colocadas nos suportes, as escadas devem ser inspecionadas e limpas de resíduos (graxa e óleos por exemplo).

Utilização de Andaimes

Devem ser montados, amarrados em estruturas rígidas de modo a suportar a carga as quais estarão sujeitas, devendo ter assoalhos fixos, travados, contínuos, nivelados e antiderrapantes, sendo proibida a utilização de arames; É obrigatório o uso do cinto de segurança, tipo paraquedista, com dois talabartes, mesmo com as proteções laterais instaladas e somente liberar um após certificar que o outro esteja devidamente preso;

Logotipo da empresa	PROCEDIMENTO DE TRABALHO	Elaborado por: Vagner Lobosco	
		Data:	Pág.: 14 de 25
	Título: Trabalho em Altura	Revisão: 0	

Deve-se fazer o isolamento da área ao redor do andaime, sendo que este deve ficar perfeitamente na vertical, utilizando placa de base ajustável (macaco) para terrenos irregulares;

Devem ser tomadas precauções especiais quando da montagem, desmontagem e movimentação de andaime próximo à rede elétrica e, a cada dois lances de cavalete, colocar travessas de reforço no andaime;

É proibido o uso de escadas sobre os andaimes para se atingir lugares mais altos; e

É proibida a movimentação de andaimes com pessoas ou ferramentas sobre eles.

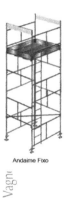

ANDAIMES					
NR-18	Condições e meio ambiente de trabalho na indústria de construção		NBR 6494	Segurança nos Andaimes	
1	ANDAIMES SIMPLESMENTE APOIADOS (item 18.15.10 ao 18.15.18)		1	ANDAIMES SIMPLESMENTE APOIADOS (item 2.1.3)	
2	ANDAIMES FACHADEIROS (item 18.15.19 ao 18.15.25)				
3	ANDAIMES MÓVEIS (item 18.15.26 ao 18.15.27)				
4	ANDAIMES EM BALANÇO (item 18.15.28 ao 18.15.29)		2	ANDAIMES EM BALANÇO (item 2.1.2)	
5	ANDAIMES SUSPENSOS (item 18.15.30 ao 18.15.44)				
6	ANDAIMES SUSPENSOS MOTORIZADOS (item 18.15.45)		3	ANDAIMES SUSPENSOS, MECÂNICOS (item 2.1.1)	

Tabela comparativa entre NR-18 e ABNT NBR 6494.

Utilização de Plataforma/Plataforma Motorizada

Plataforma de Trabalho Aéreo (PTA) é um equipamento móvel, auto propelido ou não, dotado de estação de trabalho (cesto ou plataforma) e sustentado em sua base por haste metálica (lança) ou tesoura, capaz de erguer-se para atingir o ponto ou local de trabalho elevado e devem atender ao disposto no item 18.15 da Norma Regulamentadora 18 — Condições e Meio Ambiente de Trabalho na Indústria da Construção.

Logotipo da empresa	**PROCEDIMENTO DE TRABALHO**	Elaborado por: Vagner Lobosco	
		Data:	Pág.: 15 de 25
	Título: Trabalho em Altura	Revisão: 0	

As plataformas podem ser dos tipos: suspensa ou elevatória (tesoura *standard*, tesoura todo-terreno, telescópica, mastro vertical, articulada, unipessoal e rebocável) e todas devem possuir os seguintes requisitos:

- Indicação da capacidade de carga e alcance máximo, visível à distância;
- Cones reflexivos para sinalização horizontal da localização da máquina;
- Sistema de controle de descida de emergência;
- Aviso sonoro e visual de translação;
- Dispositivo anti basculante e limitador de carga;
- Fixações para cinto de segurança na plataforma;
- Sistema de travamento/frenagem das rodas quando em operação;
- Sistema de estabilização automática a ser utilizado precedentemente à subida da plataforma; e
- Plataforma operacional com piso em material antiderrapante.

Lembrando que tanto os andaimes quanto as plataformas devem ter seus laudos de aterramento em dia;

Na utilização da plataforma motorizada deverão ser observadas as especificações técnicas do fabricante quanto à montagem, operação, manutenção, desmontagem e as inspeções periódicas;

Logotipo da empresa	**PROCEDIMENTO DE TRABALHO**	Elaborado por: Vagner Lobosco	
		Data:	Pág.: 16 de 25
	Título: Trabalho em Altura	Revisão: **0**	

Somente operadores treinados e autorizados devem ter permissão para operar a plataforma, sendo de sua responsabilidade inspecionar a mesma antes do inicio do trabalho, mesmo que o equipamento já tenha sido posto em funcionamento por outro operador — Nunca exceder o limite de carga estabelecido pelo fabricante;

É obrigatório o uso do cinto de segurança, capacete com jugular e sempre manter o portão fechado;

Nunca devem ser posicionadas escadas, degraus ou itens semelhantes na plataforma para fornecer alcance adicional;

Posicionar a lança corretamente e desligar a máquina completamente antes de sair dela;

Deve ser mantida uma distância segura de linhas elétricas, além de verificar todas as distâncias de equipamentos e obstáculos antes de posicionar a plataforma;

Verificar todas as superfícies para ver se há derramamento de óleo hidráulico e objetos estranhos, assegurando-se que haja uma limpeza geral, mantendo todos os rótulos informativos e de operação limpos e desobstruídos; e

Nunca fazer malabarismos ou brincadeiras na plataforma, dirigindo sempre com atenção.

Passarela para Telhados

* *Importante*: Observar que os trabalhos a serem desenvolvidos em telhados não devem ser permitidos com chuva nem com ventos, devendo ser avaliada cada situação. As passarelas devem ter as seguintes características:

- Fabricação em material antiderrapante;
- Pontos de ancoragens e linha de vida acompanhando a extensão da passarela para uso de cinto de segurança durante a permanência sobre a mesma; e
- Dispositivo de interligação/travamento entre os elementos pranchões.

Logotipo da empresa	PROCEDIMENTO DE TRABALHO	Elaborado por: Vagner Lobosco	
		Data:	Pág.: 17 de 25
	Título: Trabalho em Altura	Revisão: 0	

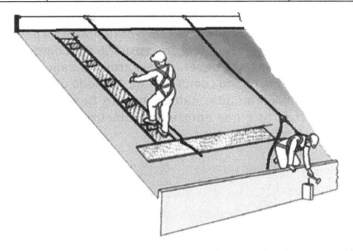

Passarelas horizontais de acesso longitudinal e passarelas com degraus para acessos inclinados (aclives)

Superfície de passagem	Material	Dimensões e resistência
Rampas e Passarelas	Inclinação	Não devem ultrapassar 30°.
	Inclinação superior a 18°	Fixar peças transversais, espaçadas no máximo em 40 cm para apoio dos pés.
	Apoios de extremidade	Devem ser dimensionadas em função do comprimento e das cargas a que estarão submetidas.

Especificações para projetos de rampas e passarelas conforme NR-18

Balancim Individual/Cadeira Suspensa

Além de atender às recomendações dos trabalhos com acesso por corda, também devem atender ao disposto no item 18.15 da Norma Regulamentadora 18 — Condições e Meio Ambiente de Trabalho na Indústria da Construção, referentes às cadeiras suspensas, devendo as mesmas apresentar as seguintes características:

- Ligação frontal (peito);
- Ponto de ancoragem do cabo de sustentação da cadeira independente do ponto de ancoragem do cabo do trava-quedas, e resistência de, no mínimo, 1.500 kg;
- Sistema independente de fixação para o cinto de segurança, ligado ao trava-quedas num cabo-guia; e

Logotipo da empresa	PROCEDIMENTO DE TRABALHO	Elaborado por: Vagner Lobosco	
		Data:	Pág.: 18 de 25
	Título: Trabalho em Altura	Revisão: 0	

- Cabo de aço para sua sustentação, fixado por meio de dispositivos que impeçam o deslizamento e desgaste. Antes de sua utilização, o usuário e o Coordenador/Responsável deverão desenrolar o cabo de aço e verificar o seu comprimento, de modo que não apresente emenda; não apresente fios rompidos ou frouxos e que apresente diâmetro uniforme e não esteja lubrificado.

Exemplos de cadeiras suspensas/balancins

Há um ponto muito importante a ser considerado em todos os serviços executados em altura com a utilização de meios de retenção contra quedas, sendo este um conceito chamado 'Distância de Queda Livre', que é definido por: 'É a distância vertical compreendida entre a posição do centro de gravidade do trabalhador no início da queda e a posição do centro de gravidade do trabalhador no início da retenção da queda (não inclui a distância de frenagem). Se a posição inicial do trabalhador for em pé, a distância de queda livre coincide com a distância vertical compreendida entre a posição do elemento de engate no início da queda e a posição do elemento de engate no início da retenção da queda'.

Logotipo da empresa	**PROCEDIMENTO DE TRABALHO**	Elaborado por: Vagner Lobosco	
		Data:	Pág.: 19 de 25
	Título: Trabalho em Altura	Revisão: 0	

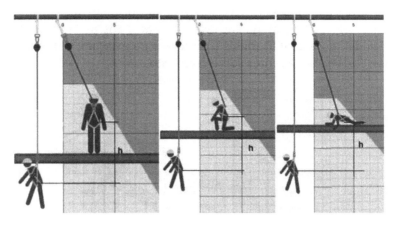

Distância de queda livre (h) com o trabalhador em pé, agachado ou deitado, conforme ABNT NBR 16489.

Cesta Aérea

Confeccionadas em PVC, revestidas com fibra de vidro, normalmente utilizadas em equipamentos elevatórios (Gruas), tanto fixas quanto móveis, neste caso em caminhões com equipamento guindauto, normalmente acoplada à grua. Pode ser individual em ambos os casos ou dupla em grua fixa.

No caso de atividades em linha viva ao contato, pelas suas características isolantes e devido a melhor condição de conforto em relação à escada. Os movimentos da cesta possuem duplo comando (no veículo e na cesta) e são normalmente comandados na cesta. Tanto as hastes de levantamento quanto a cesta devem sofrer ensaios de isolamento elétrico periódico e possuir relatório das avaliações.

O colaborador deve amarrar-se à cesta aérea por meio de talabarte e cinturão de segurança utilizando todos os equipamentos de segurança. Quanto ao veículo o trabalhador deverá:

- Manter o piso limpo;
- Atentar para subida e descida da cesta aérea apoiando no suporte;
- Não pular; e
- Não utilizar o suporte ou escada de acesso.

Logotipo da empresa	**PROCEDIMENTO DE TRABALHO**	Elaborado por: Vagner Lobosco	
		Data:	Pág.: 20 de 25
	Título: Trabalho em Altura	Revisão: 0	

Veículos destinados a serviços de eletricidade que possuem cesta elevada somente deverão ser operados por motoristas devidamente qualificados e treinados para este fim, nos termos das legislações vigentes sobre o assunto.

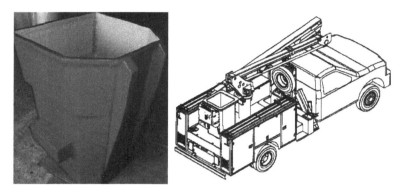

Exemplos de cesta aérea e de veículo com suporte para cesta aérea

EQUIPAMENTOS E DISPOSITIVOS ESSENCIAIS PARA TRABALHO EM ALTURA

Cinto de segurança tipo paraquedista

O cinto de segurança tipo paraquedista fornece segurança quanto a possíveis quedas e, posição de trabalho ergonômico. É essencial o ajuste do cinto ao corpo do colaborador para garantir a correta distribuição da força de impacto e minimizar os efeitos da suspensão inerte. A NR-35 estabelece que o sistema seja projetado de forma a não transmitir uma força superior a 6 kN.

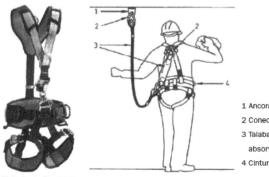

Cinturão de Segurança

1 Ancoragem
2 Conectores
3 Talabarte de segurança com absorvedor de energia
4 Cinturão tipo paraquedista

Talabarte de segurança tipo regulável

É feito de fita ou corda de fibras sintéticas, de cabo de aço ou corrente metálica com comprimento máximo de dois metros, sendo utilizado para proteção contra risco de queda no posicionamento nos trabalhos em altura, sendo utilizado em conjunto com cinto de segurança tipo paraquedista.

Talabarte de segurança tipo 'y' com absorvedor de energia

Também chamado de Talabarte de Segurança Duplo, é um equipamento de segurança utilizado para proteção contra risco de queda na movimentação no trabalho em altura com a vantagem do ponto adicional a ser conectado.

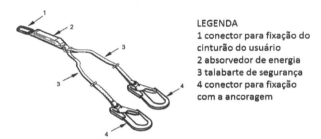

LEGENDA
1 conector para fixação do cinturão do usuário
2 absorvedor de energia
3 talabarte de segurança
4 conector para fixação com a ancoragem

Dispositivo trava quedas

É um dispositivo de segurança utilizado para proteção do colaborador contra quedas em operações com movimentação vertical ou horizontal, quando utilizado com cinto de segurança tipo paraquedista.

Logotipo da empresa	PROCEDIMENTO DE TRABALHO	Elaborado por: Vagner Lobosco	
		Data:	Pág.: 22 de 25
	Título: Trabalho em Altura	Revisão: 0	

Fita de ancoragem

É um dispositivo que permite criar pontos de ancoragem da corda de segurança.

Mosquetão

É um dispositivo de segurança de alta resistência com capacidade para suportar forças de 22 kN no mínimo. Tem a função de prover elos e também funciona como uma polia com atrito.

Para contar com a máxima resistência do equipamento, deve-se dar atenção ao uso e a manutenção.

A resistência do mosquetão varia com o sentido de tração, sendo mais resistente pelas extremidades do que pelas laterais. Não deve sofrer torções, por isso deve ser instalado corretamente, prevendo-se a forma como será solicitado sob tensão ou dentro de um sistema que deterá uma queda.

Cordas dinâmicas

São cordas de alto estiramento (alongamento), fabricadas para ter elasticidade de 6 % a 10% com uma carga de 80 kg e de 40% com carga de ruptura. Esta característica lhe permite absorver o impacto em caso de queda do trabalhador sem transferir a força do impacto, evitando assim lesões. É importante usar uma corda de boa construção para situações em que o fator de queda seja elevado, porém, uma corda que alonga pode ser uma desvantagem quando utilizada para resgate, ou quando se precisa descer uma carga do alto de um prédio ou uma maca suspensa por corda em operação de resgate. Por outro lado, as cordas dinâmicas são menos resistentes à abrasão e desgaste.

Cordas estáticas

É uma corda que possui uma alma de baixo estiramento (alongamento), sendo seus cordões internos os que aportam a maior resistência ao esforço. Para que a resistência da corda seja consistente, estes cordões devem ser contínuos, sem emendas ao longo de toda a corda. Ao mesmo tempo, para garantir uma elasticidade mínima, estes cordões devem ser paralelos entre si, ao contrário das cordas dinâmicas em que são torcidos, ou seja, a alma é quem suporta a carga, sendo a capa a responsável pela proteção contra sujeira, abrasão e desgaste.

8 — APÓS A CONCLUSÃO DOS SERVIÇOS

Zelar pela limpeza e organização do local, deixando-o em melhores condições, se possível.

- Verificar com o responsável pela tarefa a conclusão da mesma e a autorização para isso;
- Conferir com a equipe executante a retirada e armazenamento adequado da área a ser liberada;
- Conferir a retirada da equipe executante da área a ser liberada;
- Verificar os circuitos e efetuar as medições necessárias para garantir que tudo está em perfeito funcionamento;

	PROCEDIMENTO DE TRABALHO	Elaborado por: Vagner Lobosco	
Logotipo da empresa		Data:	Pág.: 24 de 25
	Título: Trabalho em Altura	Revisão: 0	

- Concluir a Ordem de Serviço, preenchendo a mesma e assinando de acordo com o procedimento; e
- Devolver a Ordem de Serviço para o Departamento de Segurança do Trabalho.

9 — RECOMENDAÇÕES DE PROTEÇÃO INDIVIDUAL

Verificar os recomendados pela análise de risco conforme o tipo de tarefa realizada.

10 — RECOMENDAÇÕES DE PROTEÇÃO COLETIVA

Verificar os recomendados pela análise de risco conforme o tipo de tarefa realizada.

11 — ORIENTAÇÕES FINAIS

As mesmas recomendações de outros procedimentos são, aqui, importantes para trabalho com eletricidade e altura:

- Efetuar a desenergização das instalações onde está ocorrendo à manutenção ou reparo por meio...
- Efetuar o impedimento de reenergização por meio de bloqueadores, travando chaves, disjuntores...
- Instalar de modo adequado o aterramento móvel padronizado no circuito que se deseja trabalhar...
- Antes de liberar o pessoal para o trabalho, deve-se acionar o botão de comando do equipamento...
- Examinar a área e equipamento a ser restabelecido a fim de certificar que não existe impedimento...

Com especial atenção e elevada importância quando as equipes estão afastadas ou em trabalho em altura, o que pode dificultar a comunicação e ser necessária uma interação maior entre o responsável e a equipe executante, donde se torna extremamente útil um conjunto de rádios de comunicação, passando estes a serem equipamentos de proteção coletiva, agilizando a informação e garantindo a fluência e eficiência dos trabalhos realizados.

Logotipo da empresa	**PROCEDIMENTO DE TRABALHO**	Elaborado por: Vagner Lobosco	
		Data:	Pág.: 25 de 25
	Título: Trabalho em Altura	Revisão: **0**	

12 — APROVAÇÃO

Profissional Legalmente Habilitado:		Responsável pela Execução:	
Função:		Função:	
CREA:		Crachá:	
Data:	Ass.:	Data:	Ass.:

13 — OBSERVAÇÕES

Os EPIs e EPCs listados são apenas exemplos, pois cada atividade deve ser analisada e considerar os EPIs adequados a cada atividade, bem como os EPCs, que não apresentam CA (Certificado de Aprovação) junto ao Ministério do Trabalho também devem ser escolhidos conforme o tipo e o alcance de cada atividade.

Para a efetiva implementação deste procedimento deverá ser realizado um treinamento com todos os envolvidos e uma verificação por parte dos coordenadores da efetiva utilização dos itens do procedimento.

14 — EQUIPE ENVOLVIDA

01 — Nome:	RG:
02 — Nome:	RG:
03 — Nome:	RG:
04 — Nome:	RG:
05 — Nome:	RG:
06 — Nome:	RG:
07 — Nome:	RG:
08 — Nome:	RG:
09 — Nome:	RG:
10 — Nome:	RG:
11 — Nome:	RG:
12 — Nome:	RG:
13 — Nome:	RG:
14 — Nome:	RG:
15 — Nome:	RG:
16 — Nome:	RG:
17 — Nome:	RG:
18 — Nome:	RG:
19 — Nome:	RG:
20 — Nome:	RG: